新潮文庫

キリストの誕生

遠藤周作著

新潮社版

2933

キリストの誕生

第一章　イエスの死

イエスは同時代のすべての人間の誤解にとりかこまれて生きねばならなかった。みじかい生涯の間、民衆も敵対者も、弟子たちさえも彼をまったく理解していなかった。味方である者も勝手な夢と希望とをイエスに托《たく》そうとした。イエスは自分の意志とは根本的に違った大衆の期待のなかで孤独だった。庶民たちは彼に愛よりは現実的な効果を求め、大衆は彼をローマに蹂躙《じゅうりん》されたユダヤをふたたび「神の国」に戻す地上的な救い主《メシヤ》だと守《も》り立てようとした。こうした身勝手な期待と興奮は一時はガリラヤの春と呼ばれる熱狂的な人気を生んだが、やがてイエス自身に大衆の考えるような地上的救い主《メシヤ》の意志が無いことを知った時、彼等は反転してイエスから去っていった。十字架上のイエスの悲劇的な死はこの時からひそかに始まっていたのだ。

以上が私の『イエスの生涯』の縦糸だが、この本が一部のキリスト教信者の顰蹙《ひんしゅく》をかい、批判をうけたのは、私がイエスの現世的な人間像を「無力なる人」として書いたためである。そしてまた聖書に語られているイエスの奇蹟《きせき》物語を彼の愛の行為や復活の意味よりは重視しなかったためでもあろう。だが私のこの考えは今日も変っておらぬ。イエスは大衆の地上的メシヤとしての期待を裏切ったから、彼等の眼には無力な存在に映ったのである。弟子たちの大部分さえも彼を見棄《みす》てた（ヨハネ、六ノ六十六）のは、彼が自分たちの夢に価《あたい》しない、何もできぬ師と思ったからである。

だが聖書のふかい問題は逆にそこから始まる。無力だったこのイエスがなぜその死後、神の子とみなされたのか。彼が十字架にかけられた時、見棄てて逃亡したあの弟子たちがその後なぜ、命をかけてイエスの教えを広めようとしたのか。イエスはなぜ無力なるイエスから栄光あるキリストに変ったのか。弱虫だった弟子は何故《なぜ》、強い信念と信仰の持主になったのか。

聖書が我々に突きつける深い疑問は、ここにある。もし最初からイエスがこの地上で人々に理解され、愛され、力ある存在だったなら、このような謎《なぞ》と課題と疑問は我々に起きなかったであろう。イエスがその生涯で人々の眼に無力な人間に見えたからこそ、この課題は重要な意味を持ってくるのだ。エリオットは『寺院の殺人』のなかでキリスト教徒の言葉には現世的な言葉と次元の違う意味があると語っている。たとえば地上的な意味での幸福とキリスト教徒のいう幸福の意味とは本質的に違うであろう。そして地上的な意味での無力も、キリスト教の世界のなかでは決して無力ではなかったのだ。イエスの死後、弟子たちが命をかけて証明しようとしたこの根本的な価値転換の過程を、これから私たちは追っていこう。

だがそのためには、イエスが最も無力だった「受難の過越祭《すぎこしのまつり》」とその「十字架での死」をふたたびかえりみねばならない。この部分は『イエスの生涯』の結末と重複するが、やむをえない。問題点をもう一度、はっきり整理せねばならないからである。

イエスは何故、殺されたか。これについて諸説、紛々としてある。たとえばイエスはローマにたいして徒党をひきい、武力的な反抗と奇襲作戦をエルサレムで企てたために、知事ピラトの手によって処刑されたのだというカウツキーの考え方（カール・カウツキー『基督《キリスト》教の起源』――「反徒イエス」）は今日でも消えず、ライマルスやアイスラーのような学者も主張するところである。だがこうしたイエス武力革命説はイエスの弟子のなかに武力革命を狙《ねら》う熱心党《ゼロテ》のシモンなどがいたことや、ルカ福音書の二十二章三十六―三十八節に書かれた「今は財布ある者は之《これ》を携え、袋をも同じくせよ。無き者は己の上衣《うわぎ》を売りて剣を買え」と弟子たちに言った言葉や、その弟子の一人が師を逮捕しようとした「大祭司の下僕の片耳を剣で切り落した」（マタイ、二十六ノ五十二）ことから推測しているにすぎない。これは、あきらかに拡大解釈である。もしイエスがエルサレムでローマにたいする武装反乱を起したならば、知事ピラトの追及はイエス一人の処刑にとどまらず、ペトロたちその徒党も十字架にかけられたことであろう。知事ピラトが聖書に描かれた弱々しいイメージとは違って、実際はユダヤ人にたいして厳しい弾圧政策を行っていたことは史家のひとしく認めることだけに、イエスだけが死刑を受け、それに与《くみ》した弟子たちが何の処罰も受けなかったことは、何としてもおかしいのである。この一点でも私はイエス武力反乱説は認めることはできない。

イエス処刑についての紛々たる諸説は、イエスを裁き死を与えたのはローマ側であるか、大祭司カヤパを議長とするユダヤ衆議会であるか、という点でも更に分れている。これは当時のユダヤ衆議会にローマが死刑の執行権を許していたか、どうか、という事実の問題に関係してくる。ある学者はユダヤ人にも石打ちの刑という死刑方法が許されていたと言い、別の学者は十字架刑だけはローマ軍のみが執行できる権利を持っていたと言う。

だが、こうしたさまざまな諸説もひとつのことは認めざるをえない。それはイエスは裁かれ、死刑に処せられたという確かな事実である。イエスが裁判にさいして、嘲《ちょう》弄《ろう》され、侮辱され、そしてエルサレムの四月の暑さ（日本の六月か七月の上旬にひとしい）のなかで処刑されたことである。聖書が描写しているこの「受難物語」がどれほど事実に基づいているか、リーツマンのように疑う学者もいるが、しかし師を棄てて四散した弟子たちがこの光景を目撃できなかったにせよ、人々の口からつぶさに聞くことはできた以上、必ずしもすべてが創作とは断定しがたいであろう。

いずれにせよ、聖書に書かれたこの受難物語を読むと、我々はここでもイエスがまったく無力であることに驚かざるをえぬ。受難物語の最大の特色は無力なるイエス、無能なるイエスを大胆にも前面におし出している点にある。それまでのイエスは聖書の書き手によれば、数々の力ある業を行い、病人たちを癒《いや》し、死者を甦《よみがえ》らせ、智慧《ちえ》ある言葉を語られた預言者である。それはまた彼につき従う弟子たちにとっては頼もしい師であることが多かった。だがこの受難物語に描かれたイエスは抗弁もせず反抗もしない無力な男にすぎぬ。誰一人としてイエスを助ける者もない。前日まで彼の話に耳かたむけていた群衆でさえ、今は逆に、この「何もできなかった」男に罵声《ばせい》と嘲笑とを浴びせるだけである。そして、イエスが身を捧《ささ》げた父なる神でさえ、このイエスの苦しみに沈黙を守っている。まさしく受難物語は徹底的にイエスの無力な姿を描いているのである。

だがそれはさておき、イエスがゲッセマネの園で神殿警備隊の手によって逮捕され、カヤパ邸に深夜開かれた緊急会議で裁判をうけ、ピラト官邸やヘロデ王の離宮を引きまわされ、今、ゴルゴタの処刑場に連行されている間、彼の弟子たちは一体、何処《どこ》にかくれ、何をしていたのだろうか。そしてその心理はどのようなものであったのか。

聖書はこの点についてもほとんど何も語ってはおらぬ。語ってはいないが前後の関係や描写から我々はある程度は推測することができる。

イエス逮捕の夜、つまりユダヤ暦のニザンの月（今の三月半ばから四月半ばにあたる）の十三日（ヨハネ福音書）か十四日（共観福音書）夜、最後の食事を終えたイエスとその弟子は町を出て城外のオリーブ山の麓《ふもと》に向った。そこにはオリーブの油をしぼる搾油所《ゲッセマネ》があり、一同はこの夜をそこであかすつもりだったからである。弟子たちはそのまま眠りこけたが、イエスは一人、弟子たちが「石を投げて届く」ほど離れた場所で迫りくる死と苦しみを恐れ祈っていた。「汗は土の上に滴《したた》りて血の雫《しずく》の如《ごと》くなれり」とルカ福音書は書いている。やがて炬火《たいまつ》の黙々たる火の列が城門からこちらに向って進んできた。それは神殿警備員の男たちと若干のローマ兵で、彼等の先導をしたユダがまずイエスの肩に手をかけて接吻《せっぷん》した。騒ぎに眼をさました弟子たちと警備隊との間に小さな乱闘が起り、弟子の一人が剣をぬいて、敵の一人の耳を切り落したが、イエスはそれを声をあげて止めた。一番若い弟子は肌にまとっていた広布を投げすて裸のまま逃げた。あっけないほどに騒ぎはおさまり、イエス一人が人々に囲まれながら大祭司カヤパの邸《やしき》に引きたてられていった。

逃亡した弟子たちはそのあと、どうしたか。共観福音書もヨハネ福音書もあのペトロのイエス否認という有名な物語のほかは何も語ってはおらぬ。だが聖書の記述からみても、彼等がエルサレムにすぐ近い場所にひそみかくれていたことは確かである。おそらくこの聖都から徒歩で半時間もかからぬベタニヤ村のイエスの女弟子であるマルタとマリア姉妹の家がそのかくれ家になったのであろう。

師を見棄てて逃げた彼等はこの夜、恐怖と不安と共に後悔と自己嫌悪《けんお》に苦しめられた。彼等はイエスを本質的に理解はしていなかったが、この人のやさしさや人格には心から惹《ひ》かれていた。その人が今裁かれ、辱《はずか》しめられようとする時、自分たちは卑《ひ》怯《きょう》にも逃げかくれたのである。悔いと自己嫌悪の感情とはいつまでも弟子団の心から消えず、後年、この恥ずかしい思い出が「ペトロのイエス否認」という物語を生む核となったとしても決してふしぎではないのだ。

すべての福音書によれば、慚愧《ざんき》の念に耐えかねたペトロが単身、師が裁かれている大祭司カヤパの邸に忍びこむことになっている。この話は三つの共観福音書にもヨハネ福音書にもすべて書かれているだけにおそらくその核の部分だけは事実であろう(もっともヨハネやルカにくらべて最も古いマルコ福音書やマタイ福音書ではペトロのイエス否認が強く書かれている。イエスのことは何も知らぬとペトロは烈しく誓ったことが、マルコやマタイには強調されているが、ヨハネやルカではこれが弱められている。それは明らかに古いマルコ福音書やマタイ福音書にくらべ、その後に書かれたヨハネやルカが原始キリスト教団の指導者であるペトロの立場や尊厳を擁護せざるをえなかったのである)。

「イエスを捕えたる人々、既に律法学者、長老の相集まりいたる大祭司カヤパの邸に引きしが、ペトロはるかにイエスに従いて大祭司の庭まで至り、事態《なりゆき》を見んとて内に入り、僕《しもべ》らと共に座しいたり。……さてペトロ、外にて庭に座しいたるに、一人の下女、近づき、汝《なんじ》もガリラヤのイエスと共に居《お》りきと言いしかば、彼、衆人の前にて之を否《いな》み、我、汝の言う所を知らずと言えり。門を出《い》ずる時、また他の下女、之を見て居合す人々に向い、是《これ》もナザレのイエスと共に居りきと言いたるに、彼、又、誓いて我その人を知らずと否めり。しばらくありて側《かたわ》らなる人々、近づきてペトロに言いけるは汝もたしかに彼の一人なり、汝の方言《なまり》までも汝をあらわせりと。是において彼、その人を知らずとて詛《のろ》い、且《かつ》、誓いはじめしかば、忽《たちま》ちにして鶏鳴けり。斯《か》くてペト

ロ、イエスが鶏鳴く前に汝三度、我を否まんと曰《のたま》いし言葉を思いだし、外に出て痛く泣けり」(マタイ、二十六ノ五十七―七十五)

マタイ福音書だけでなく、他の福音書すべてに書かれたこの物語は事実をもとにして形づくられたとしてもそのまま文字通り、受けとるべきではない。私の考えではここに登場するペトロはペトロ個人ではなく、イエスを見棄てた弟子すべてを表わす象徴的な名なのである。

ペトロの名が聖書のなかで個人ではなく、弟子団すべてを示す象徴名としてたびたび使われているのはすぐれた『ペトロ伝』を書いたクルマンなども指摘する通りである。「ペトロはいつでも弟子たちの代弁者として登場する」とクルマンは言う。たとえば「マルコ福音書八章三十三節に記されているところによるとイエスはすべての弟子を見てペトロを叱《しか》る。叱責《しっせき》は明らかにすべての弟子たちに向けられている……」。

だからクルマンの指摘を待つまでもなく、このイエス否認の場面でも、なまなましく書かれたペトロの弱さ、卑怯、裏切り、そして「外に出て痛く泣けり」という烈《はげ》しい慟哭《どうこく》はひとりペトロのみならず、エルサレム郊外の何処かで身をひそめ、かくれていた弟子たちすべての感情を表現しているのだ。ペトロのイエス否認の物語は弟子たち全員の裏切りの告白を象徴的に語ったものなのである。

更にこの物語についてヨハネ福音書だけがまことに奇怪でふしぎなことを附加している。ヨハネによればペトロは単独でカヤパの邸に忍びこんだのではなくて「他一人の弟子と共にイエスのあとに従いしが、この弟子はかつて大祭司に知られたりければイエスと中庭に入れり。されどペトロは門の外に立ちてありしに、大祭司の知られたりし弟子は外に出て、門番の女に語らい、ペトロを内に入れたり」。

我々はこの大祭司と知りあいだった弟子が他ならぬヨハネその人だったとか、アリマタヤ出身のヨゼフだったかどうかというような伝統的な詮索《せんさく》には興味がない。我々に興味があるのは、この大祭司と知りあいの弟子をペトロが何故、伴ったか、その弟子はイエスと共に追及もされず、何故、楽々と大祭司の邸に入れたのか、彼は邸内の人々と何を相談したかの問題なのである。

ヨハネ福音書だけが附加したこの記述が事実あったことなのか、否かはわからないが、しかしたとえ創作としても、その核になるものが前もって存在して、それは他の共観福音書には用心ぶかく匿《かく》されていたが、ヨハネだけが不用意に使ったのだとも考えられる。我々がこの箇所を読んで甚《はなは》だしく奇怪に思うのはこのペトロの伴った弟子だけが捕縛されもせず、咎《とが》められもせず、大祭司邸に入ることができ、門番の女とも親しく話できたという点である。

きわめて大胆だが、しかし理にあった推測がそこから生れる。ペトロとその弟子は逃げかくれている仲間たちを代表してカヤパの邸に赴き、その弟子を仲介として大祭司とある妥協を行ったのではないか。官邸においてペトロを咎めた女中や衆人は文字通り、女中や番人と考えるべきではなく、この「衆人」とはイエスを裁くために集まったユダヤ衆議会の祭司や議員たちだと考えることはできないか。もしそうであるならば、ペトロもイエスの弟子たちの代表者として衆議会の裁きを受け、その席上でイエスを否認することを「烈しく誓った」と考えられるだろう。言いかえれば、弟子たちはすべてイエスを否認することを誓約し、ヨハネ福音書に書かれている仲介者の弟子のとりなしで、その後の追及捕縛をまぬがれたのである。私がこのような大胆な推測を敢《あ》えてするのは、その後、当分の間、ユダヤ衆議会がイエスの弟子たちの存在を黙認し、咎めもせず、裁きもせず、放任していたふしぎな理由をこれ以外に考えられぬからなのである。この妥協のおかげで弟子たちは助かり、その代りイエスは全員の罪いっさいを背負わせられる生贄の仔羊となったのだ。

弟子たちはこの屈辱的な妥協で助かった。だから「人々の罪を背負ってイエスは死に給《たも》うた」と今日、教会が言う言葉はもともと「弟子たちの罪を背負ってイエスは死に給うた」との実際の体験から生れたのであろう。その後、弟子たちの心には生涯、自分たちの罪をすべて師に償わせた恥ずかしさや悔いが残ったのであり、それが十字架についてのイメージの原型ともなったのだ。

とまれ、ペトロが大祭司と衆議会とそのような妥協をした翌日、イエスは群衆の罵倒や侮辱のなかで、狭い暑いエルサレムの路《みち》を、ゴルゴタの処刑場に向っていた。弟子たちはその光景を直接には眼にすることはできなかったが、その間、自分たちの裏切りを言いようのない恥ずかしさで嚙《か》みしめていたのであろう。自分たちが助かるためにはイエスが死なねばならぬという気持は彼等にとって観念ではなく、事実であったのである。

屈辱、慚愧、自己嫌悪、そのくせ「仕方がなかったのだ」という弁解――おそらく弱者が生きのびるために味わうあの感情を弟子たちは三十数時間、味わった筈《はず》である。このような弱者にとっては残された心理的な補償は二つしかない。一つはイエスを全く否定することである。裏切者が党を否定することで生きる道を見つけるようにイエスを否定することである。もう一つはイエスに許しを求めることである。

だが彼等はあることを怖《おそ》れた筈である。裏切った自分たちをイエスがどれほど恨み、どれほど憎みつつ死ぬだろうか。それが怖ろしかった筈である。なぜなら、いかなる英雄も自分を裏切った部下を許す筈はないからである。

心の底から弟子たちは怖れていた。十字架上のイエスが自分を見守る人々にどのような怒りの言葉と恨みの言葉を語るだろうかと。当時、処刑者は処刑場で見物人たちに自分の心を吐露したり、呪咀《じゅそ》の言葉を吐き散らしたり、あるいは祈りを唱えるのが習慣だったから、弟子たちは十字架につけられたイエスが何かを語りかけるのは当然、予想できた。その言葉が自分たちに向けられるのもわかっていた。彼等はその言葉が怖ろしかった。

聖書によるとイエスが十字架につけられたのは正午である。そして息を引きとったのは午後三時である。

この三時間の言語に絶する苦悶《くもん》のなかで、イエスも余力をしぼって、自分を見守っている人々に跡切《とぎ》れ跡切れに話しかけている。見守っている人たちだけではなく左右の十字架に同じように釘《くぎ》づけにされている二人の政治犯（聖書には盗賊と書いてあるが、当時は政治犯を盗賊と呼んだ）にもかぼそい声で話しかけた。

その言葉や祈りは聖書に記載されている以上に多くあったと思われるが、福音書はおそらくその一部しか抜粋しなかったと思われる。それは当時のユダヤ人はユダヤ教の聖典の主だった祈りを暗記していたから、その一部分だけを記述すれば全文を書く必要はなかったのであろう。

その一例は死の直前、つまり午後三時に彼が気力を失い項垂《うなだ》れていた頭《こうべ》をあげて叫んだあの有名な言葉「主よ《エロイ》、主よ《エロイ》。なんぞ我を見棄てたまうや《ラマ・サバクタニ》」である。

現代人の多くは——特に日本人は——この言葉からイエスの絶望を読みとろうとする。十字架上での彼に救いの手一つさしのべず、奇《き》蹟《せき》ひとつ起さぬ父なる神にたいする悲しみと訴え、絶望と哀訴とをそこに見つけようとする。

だがこの解釈は当時のユダヤ人の習慣を知らぬために生れたものである。この言葉は詩篇二十二篇の「主よ、主よ。なんぞ我を見棄《みす》てたまうや」の悲しみの訴えであるが、詩篇を読んだ者はこの悲しみの訴えがやがて「我は汝のみ名を告げ……人々のなかで汝をほめたたえん」の神の讃歌《さんか》に転調していくことを知っている。この言葉は決して絶望の言葉ではなく、神を讃美する歌の冒頭部なのだ。事実、ルカ福音書によるとイエスがこの言葉のあとでしばらくして「主よ、わが魂をみ手に委《ゆだ》ねたてまつる」という詩篇三十一篇の祈りを口にして息を引きとるが、それは彼が「主よ、主よ。なんぞ我を見棄てたまうや」から始まり、

我　わが魂をみ手に委ねたてまつる
主よ　まことの神よ

汝は我をあがなわれたり

の三十一篇の祈りまでを苦しい息のなかで祈っていたことをはっきり示しているのだ。つまり十字架上で人々に語りかける力を失ってからもイエスは朦朧《もうろう》とした意識のなかで詩篇の一つ一つの祈りを唱えていたのであろう。

十字架上でのイエスの言葉は三つの共観福音書とヨハネ福音書とではそれぞれ違う。共に十字架にかけられた政治犯の一人に向って「汝は今日、我と共に天国にあらん」と言った言葉はルカ福音書のみに記述されていて他の福音書には書かれてはおらぬ。このルカは更に「主よ、彼等を許したまえ。彼等はそのなせることを知らざればなり」という言葉をイエスの遺言の一つとして書き入れているが、ヨハネ福音書の記録した「我、渇く」、「すべては為《な》しとげられたり」という言葉には触れていない。

受難物語を事実に基づいた話ではなく、原始キリスト教団の典礼の祈禱《きとう》として考える学者は、これらの遺言が、イエスの生涯を語りついだ伝承者の解釈に従って創《つく》られたものだと考える。だがこの考え方を我々が一歩ゆずって受け入れたとしても、そのような解釈が生れるためには種と核とが前もって存在したと考えざるをえない。つまりイエスが十字架上で口に出した言葉がたとえ文字通り、聖書に記載された儘《まま》ではなかったにしても、これと同じ心、同じ本質と内容とを持った言葉があったと考えざるをえないのだ。でなければ、それらの言葉が原始キリスト教団の生命である典礼を生かす言葉とはなりえないからだ。

十字架上のイエスの言葉は二種類に分けられる。一つは詩篇の祈りを通して彼が口にした神への絶対的な信頼である。もう一つは自分をこのように苦しめた人々にたいする許しと神への取りなしの言葉である。「主よ、彼等を許したまえ。彼等はそのなせることを知らざればなり」

十字架上でイエスはどんな言葉を言うか。エルサレムの外にひそみ、師がどのように恨みつつ死ぬかを怖れていた弟子たちは、処刑場に出かけた女たち——イエスの母マリアやマグダラのマリアなどの口から、すべてを教えられた。そして彼等はイエスが自分を苦しめた者たち、自分を見棄てた弟子たちに恨みや憎しみの言葉を一度も口に出さなかったことを知ったのだ。出さなかっただけではなく、自分たちに神の怒りのおりることも求めはしなかったことも知ったのだ。いや、それだけではない。罰を求めるどころか、弟子たちの救いを師が祈ったことを知ったのである、「主よ、彼等を許したまえ。彼等はそのなせることを知らざればなり」と。

これを聞いた時弟子たちは衝撃を受けた。このようなことがありうるとは彼等には夢にも考えられなかった。彼等が考えもしなかった愛の言葉をイエスは言ったのである。十字架上での烈しい苦痛と混濁した意識のなかで、なお自分を見棄てた者たちを愛そうと必死の努力を続けたイエス。そういうイエスを弟子たちははじめて見たのである。

それだけではない、イエスは彼の苦痛と死とにたいして沈黙を守りつづけている神にたいしても「わが魂を委ねたてまつる」という全面の信頼を示しながら息を引きとった。弟子たちは詩篇を熟知していたからイエスがその一節を跡切れ跡切れに口にしても、何を祈ったか、よくわかった。

こんな人を弟子たちはかつて考えたこともなかった。同時代の預言者は多かったが、このような形で死んでいった者はなかった。過去の預言者たちにもこれほどの愛とこれほどの神への信頼を持った人はいなかった。

言葉では表わせぬ烈しい驚愕《きょうがく》と衝撃とが弟子たちをうった。「まこと、この人は神の子なり」（マタイ、二十七ノ五十四）というイエスの死に立ちあった百卒長の感歎《かんたん》の叫びはこの弟子たちの口からも発せられたものにちがいない。

彼等はこの時はじめて自分たちがイエスについて今まで何も知らなかったことに気がついた。彼等のなかにはイエスにそれぞれ自分勝手な夢を托《たく》し、その夢を実現しえぬ無力な人、何もできぬ人と失望していた者もあり、またそのために離れていった者もいた。最後までつき従った者も逮捕に来た神殿警備員やローマ兵に抵抗もせず引きずられていった惨《みじ》めな師に大いなる力を見出《みいだ》すことはできなかった。だが今、弟子たちははじめて何かがわかりはじめたのである。生前、イエスが語っていたことが何であったかを。ガリラヤ湖畔のみじめな集落や村をさまよい歩きながら、イエスと共に過した日々、霧に覆《おお》われたように真意を摑《つか》みかねていた教えや謎《なぞ》のような話が。それらを通してイエスが何を言おうとしていたのかが少しずつ彼等にも理解できるような気がした。イエスが語ってやまなかったことを知るためにはこの十字架上の三つの言葉を聞くだけで充分だった。

そしてまた、彼等は自分たちがイエスをどのように誤解していたかも悟った。現実には力なかったイエス、群衆から追われ、多くの弟子さえも離れていった「無力なるイエス」。しかしそれよりも、もっと高く、もっと永遠であるものが何であるか、弟子たちはこの時、おぼろげながら会得《えとく》したのである。

イエスの死後、四散した弟子たちが再結集してイエスを救い主《キリスト》として高め、仰ぐまでには次章から書くような色々な過程と段階があるが、それらすべては今のべたような驚愕と衝撃、そしてイエスにたいする新しい理解から始まるのである。それまで知らなかった、気づかなかった、誤解していた師を再発見したこと——それが彼等の出発点となる。イエスは現実には死んだが、新しい形で彼等の前に現われ、彼等のなかで生きはじめたのだ。それは言いかえれば彼等の裡《うち》にイエスが復活したことに他ならない。まこと復活の本質的な意味の一つはこの弟子たちのイエス再発見なのである。

　現世では無力だったイエス。何もできなかったイエス。ガリラヤの民衆から追われ、弟子たちからも棄てられ、十字架上で犬のように惨めな死をとげたイエス。だが今、すべての価値が転換した。無力なる人は最も力ある方に変り、棄てられ追われた人は最も迎えられる方に転じたのだ。イエスの山上の説教の言葉を借りるならば、心貧しきものこそ祝福され、泣く人こそ神から慰められるのだというキリスト教の持つ根本的な価値の転換が、この時から弟子たちの心にも始まったと言えよう。

　先にも書いたようにイエスが息を引きとったのは午後三時であるが、当日の夕方になって十字架からその死体はおろされた。死体の受取りをローマ知事ピラトに願い出たのはユダヤ衆議会の議員であり、アリマタヤ出身の富裕なヨゼフという男だった。ピラトは百卒長を呼んでイエスの死を確認させた。当時、十字架刑を受けた罪人がある時間をすぎても絶命しない場合は、刑場に立ちあった百卒長が棍棒《こんぼう》でその脛《すね》の骨を砕き死に至らしめるのがローマ人の習慣だった。

百卒長はイエスがもはや他の死刑囚と共に息たえているのを確認したのでその脛を折らなかった。報告を受けた知事ピラトは受取り人であるヨゼフに死体をわたした。ヨゼフは聖書の記述によるとイエスのひそかな支持者で、先夜の緊急理事会にも加わったが、その判決には不服だったという。彼は死体を亜麻布に包み、また同じ衆議会員で判決に不満を持っていたニコデモが寄贈してくれた没薬《もつやく》と沈香《じんこう》百斤《きん》とをそのなかに入れて、新しい墓に葬《ほうむ》った。

その時刻、弟子たちがまだエルサレムの近くにひそんでいたことは、翌々日、その墓から突如として死体が消えた時、知らせを受けたペトロが「走って」それを確かめにいった点でもわかる。

忽然《こつぜん》として墓から死体が消えたことは、聖書の空想的物語ではなく、実際起った事件だったことは最近、カンペンハウゼンの綿密な研究によっても立証されているが、この「空虚な墓」の出来事からイエス復活に聖書は更に話を進めていくのである。

だが実際的な事実はさしおいても、この日、既に弟子たちの心には先にのべたように、現実に死んだイエスが、新しい形で彼等のなかに生きはじめていた。彼等の心のなかでイエスは実際上の復活の出来事の前に復活しはじめていたのである。

第二章　辛《つら》い、長い、夜

日本人にもよく知られており、現代聖書学に忘れがたい足跡を残したルドルフ・ブルトマンはイエスの教えと、その後の弟子たちの結成した原始キリスト教団の信仰を比べあわせた後、ほぼ、次のような悲観的な結論に達した。「イエス自身はキリスト教徒ではない」と。

ルドルフ・ブルトマンは新約聖書のなかですべてイエスの言葉や教えや行為として書かれているものを濾過《ろか》してみた。原始キリスト教団の信仰が作り出した部分を取り除いてみようと試みたのである。その結果、彼はイエスは当時のユダヤ教をきびしく批判はしたが、その考え方はユダヤ教の外に出るものではなかったこと、これにたいし、後の原始キリスト教団のキリスト教は、イエスの十字架での死と復活とを発条《ばね》としてユダヤ教から大きく飛躍した新しい独自な宗教だ、と思いいたったのである。

ブルトマン以後、これを補正、強化するさまざまの聖書学者が出ている。そして彼等のなかにはこう考えている者もいる。「イエスの思想は新約思想とは同じではない。イエスの弟子たちは師の考えをその儘《まま》、受け売りしたのでもなければ、受けついだのでもなく、また師の考え方に制約を受けたのでもない。彼等は彼等自身の立場から語ったのである」

私は長年にわたるこれら聖書学者の綿密なテキスト分析や考証に深い敬意を払う。そしてその成果を保守的な神学者のように無視する気持など、毛頭ない。いや逆に彼等の研究や労作は、私のように聖書をひもとく日本の小説家にも教えてくれることが余りに大きいことを承知している。

にもかかわらず小説家はこれらの聖書学者の断定に接する時、やはりある不満を抱かざるをえない。彼はまがりなりにも自分の貧しい経験から、ひとつの作品が創作されるまでの内部の働きとその過程を知っているからである。あるいは自分にはそのような体験は乏しくても、優れた芸術家がどのように作品を創造するかぐらいは心得ているからである。

作品が生れるまでのあの言い知れぬ内面の疼《うず》き。ひとつの貝の内部で核となる部分が次第に成長してつややかな真珠をうみ出すまでの成熟の過程。その過程に似た意識的な精神の働きと無意識的な心の作用とが少しずつ作品を創《つく》りあげていく営み。そうした経験を味わった者には、イエスとその弟子たちとの関係を、聖書学者たちのように大胆に切り離すことはとてもできぬのである。多少でも自分の作品を創り出した者には聖書学者のように「イエスの思想は新約思想とは同じではない」と言いきれぬ。なぜなら彼は自分や他の芸術家の体験から、素材（イエス）と作品（原始キリスト教団の信仰）との深い繫《つな》がりを聖書を読むたびに感ぜざるをえないからなのだ。

言うまでもないことだが芸術家は自分が創作の衝動を受けた素材を、そのまま、描いたりせぬ。素材は真珠貝のなかの核に似ている。芸術家の心の営みのなかでその素材は別の場所に移し変えられ、別の次元に再構成されていく。そして創り出される作品はやがて素材とは外見上、似ても似つかぬ色彩や構成やイメージを持ったものになっていく。だが……。

だが、だからと言ってその作品とその作品を生む深い動機となった素材との、本質的な関係を否定する愚か者が何処《どこ》にいるだろう。セザンヌのキャンバスに描かれた山がモデルとした実物の山とまったくイメージが異なっていたから、両者には関係がないと断定する批評家などはいない。

私たちが先にあげた、ある種の聖書学者たちの大胆な結論を読んで戸惑いと不満とをおぼえるのは、かかって、この素材と作品とのふかい創造関係を軽視している点にある。この人たちは素材と作品との色彩や構成やイメージをただ同じ次元のなかで比較し、それらがまったく同様ではないから両者は別のものだと言いきったように見えるからだ。

我々は聖書を読むたびにそこに宗教的な劇だけではなく芸術的な劇も感じるのだ。まこと新約聖書一巻は、これを劇にたとえるならば「イエスの生涯」と題した劇である。作者はいわばイエスの弟子たちという精神共同体である。彼等のあるものは実際にイエスと生活を共にし、その短い生涯を知っていた。師のみじめな十字架上の死と彼等の体験とは、これを素材としてその共同体にひとつの劇を書かせたのである。

この劇は事実上の「イエスの死」では終らない。「イエスの生涯」はその肉体の死だけでは彼等にとって消えなかったからである。イエスの死と復活で終る四つの福音書は彼等にとって二幕目までの物語にすぎぬ。終幕である第三幕はそこから始まるのである。師の死を発条としてそのイエスがキリストになるまでの過程がこの終幕の主題になるのだ。彼等にとって「イエスの生涯」とはこの終幕によって完成するものであり、事実上のイエスの生涯はいわば序曲にすぎないのだ。三幕がもし完了せねば「イエスの生涯」も幕を閉じぬことを弟子たちはその苦闘のなかで知ったのである。

すべての芸術家と同じように弟子たちは素材（イエスの生涯とその死）から烈《はげ》しい

創造衝動を受けた。だが芸術家が素材をそのまま表現するのではなく、別の次元のなかで再構成し、自分の言葉、自分のイメージで組みたてなおすように、弟子たちと原始キリスト教団とは彼等と民衆の「生活の座」のなかでイエスの生涯とその死と復活とを再構成したのである。だがその核となるものはイエスであり、すべての芸術作品で素材と作品との関係があるように、この核から弟子たちの信仰も生みだされたことは言うまでもないのだ。

だから私もイエスの処刑以後、逃げかくれていた弟子たちの動きや、彼等に起った諸々《もろもろ》の出来事の経過を必ずしも福音書に書かれた通りだとは思っていない。福音書によればイエスの死後、その墓から忽然《こつぜん》と死体は消え（マルコ、十六ノ一―八）、天使がマグダラのマリアにイエスの甦《よみがえ》りを告げ、甦ったイエスがガリラヤに赴いたことを教えた。更にそのイエスがペトロをはじめ弟子たちにエルサレムの彼等のかくれ家に現われ（ルカ、二十四ノ三十六―四十九。ヨハネ、二十ノ十九―二十三）、あるいはエマオに出現し（ルカ、二十四ノ十三―三十五）、またガリラヤ湖にも姿を見せた（ヨハネ、二十一ノ一―十四）という。だがこれら諸々の出来事の経過はあとで述べるように現実にあったことをそのまま書いたのではなく、弟子たちの深い宗教体験を核として作られた逸話であるという考えに条件づきで同意する。更にその時間経過も事実の経過を必ずしも追っていないと考えている。つまり、イエスの死後、弟子たちに起った事件の経過は必ずしも「現実の時間」のなかではなく、「信仰の時間」のなかで再構成されているのである。したがってイエスなきあと、その弟子たちが再結集し、師の復活に信仰を持つまでには、聖書が書いた経過をそのまま踏んだのでもなく、聖書に書かれた以上の長い時間をかけたとも考えて良いであろう。

これらの期間、弟子たちが何処に逃れ、何をしていたかを知ることはまったく不可能である。あるいは彼等は故郷であるガリラヤに戻ったかも知れないし、そのある者はエマオに向った者のようにガリラヤ以外の場所に逃げたかも知れぬ。だがたしかなことは彼等が師の死によって打ちのめされ、すべての希望を失う（ルカ、二十四ノ十三―三十五）と同時に第一章でのべたように、おのれの弱さとおのれの惨《みじ》めさにふかい自己嫌悪《けんお》を感じていたことである。あの人はなぜ犬のように殺されたのか、あの人はなぜ木に釘《くぎ》づけられて死んだのか（木にくくられて死ぬのは神に呪《のろ》われた者という考えがユダヤ人にあった）、そして神はなぜ、あの人の処刑に黙っておられたのか、あの人の生涯は無意味だったのか――そうした疑問は次から次へと弟子たちの頭をかすめ、同時に、その人を裏切った恥ずかしさに震えんばかりであったろう。

イエスの死は弟子たちに計り知れぬ衝撃と疑問とを突きつけた。弟子たちがこの疑問と謎《なぞ》を解くために必死になったのは当然である。ルカ福音書が物語る「エマオの旅人たち」の一人クレオファという男が口にした言葉はこれら弟子たちの謎と疑問とを我々になまなましく伝えてくれる。その言葉のなかにはイエスがなぜ惨めな死に方をしなければならなかったか、なぜ神も彼を助けず、人々も彼を見棄《みす》てたのか、その生涯はイスラエルのためにまったく無意味だったのかという三つの問いが含まれている。

謎を解くために彼等はどうしたのだろうか。我々がもし彼等の立場なら、生きていた時の師の言葉のなかに、その教えのなかに、この苦しい疑問を解く鍵《かぎ》がないかと必死に探るであろう。彼等もまた、イエスの死の直後、かくれ家にひそみながらそうだった筈《はず》である。彼等は人々の眼をかくれて「集まった」（ルカ、二十四ノ三十三）。彼等は何をしたのか。生きていた時のイエスの言葉を一人一人、思いだし、あの人はあの時ああ言われた、こう言われたと討論しあったにちがいない。我々はリーゼンフェルドが言うようにイエスが生前、弟子たちにユダヤ教の学校でやるように自分の教えを記憶するよう命じていたとは思わないが、彼等が師の言葉を強い印象をもって頭に入れていたことは確かであろう。特に師イエスが自分の受けるべき苦しみと死をどのように預言しておられたかがこの討論の中心的なテーマになっただろう。そしてそれら、ひとつひとつの言葉を彼等は今どう受けとめるべきか、どう考えるべきかを懸命に話しあったにちがいない。そこにはちょうど、ユダヤ教徒がユダヤ教聖典の言葉の解釈をめぐって論じあう以上の烈しさと熱っぽさがあった筈である。なぜなら弟子たちは今この謎を解かねば、他の者の眼には無意味で無駄にしか見えぬイエスの死に意味を発見することができず、そして自分たちのこれまでを否定することになるからである。

四つの福音書が資料とした「イエス語録集」のあったことは今日、多くの聖書学者が推定しているが、この「イエス語録集」の発生を考える時、私はそれがたんなる師の言葉のなつかしい追憶や覚書のようなものではなく、この集会でおのれの苦しみを救うため、突きつけられた疑問と謎をとくため、弟子たちが必死になって討議したこの秘密集会から生れた気がしてならない。

生前のイエスの教えと言葉とだけではない。弟子たちはこの謎を解く鍵が、祖先伝来のユダヤ教の聖典のなかに書かれていないかと、探した。なぜなら彼等はサドカイ派でもなくパリサイ派でもなく、またローマと妥協してイスラエルの誇りを捨てた大祭司や祭司階級に烈しい不満を持っていたが、神《ヤハウェ》とその神《ヤハウェ》が預言者に托《たく》された御言葉だけは熱烈に信じていたからである。果してその神や預言者の長い言葉の歴史のなかに師イエスの受難とその深い意味はかくされていないか。祭司や多くの律法学者《ラビ》たちが語るのとは別の秘儀がそこに埋もれていないか。彼等は必死だった。

エルサレム郊外のかくれ家で弟子たちが懸命に闘わせた討議が後のキリスト教の核となるべきものを生みだす母胎となった。もちろんその核はまだユダヤ教の枠を出ず、後世の民族と国境を超えた幅ひろい思想には至ってはいなかった。だが教えてくれる師もなく、助けてくれる律法学者《ラビ》もなく、弟子は自分たちだけでその苦しみから、イエスが与えた課題に肉迫しなければならなかったゆえにこの核は他のユダヤ教にはない独創的なエネルギイを持ったのである。

だが不幸にして我々はこの頃、彼等が懸命に嚙《か》みしめようとしたイエス生前の言葉を正確に知ることはできぬ。なぜなら福音書の資料となった「イエス語録集」は今日、既に失われ、それをわずかに垣間見ることのできる福音書にもイエスの言葉と後世の原始キリスト教団の教義や言葉とが混合されているからである。けれども次に列記する福音書の七つの言葉――イエスが自分の受難と死とを弟子たちに予告したという言葉――はたとえイエス自身の口から発したものでなくても、弟子たちのこうした探究の結果を我々に伝えてくれるのだ。

(1)　人の子は必ず多くの苦しみを受け、長老、大祭司、律法学者に棄てられ、また殺され、三日後に甦る（マルコ、八ノ三十一）。

(2) 人の子は人の手にて売られ、是《これ》に殺され、殺されて三日後に復活する（マルコ、九ノ三十一）。

(3) 私はエルサレムに上っていくが、人の子は大祭司、律法学者たちに引き渡される。そして彼等は死刑を宣告した上に彼を異邦人に渡すだろう。また彼を嘲《あざけ》り、つばきし、鞭《むち》うち、遂《つい》に殺すだろう。そして彼は三日後に甦るだろう（マルコ、十ノ三十三—三十四）。

(4) 人の子について彼が多くの苦しみを受け、かつ辱《はずか》しめられると書いてあるのは何故《なぜ》か（マルコ、九ノ十二）。

(5) 人の子もその日には同じであるだろう。しかし彼はまず多くの苦しみを受け、また、この時代の人々に棄てられねばならない（ルカ、十七ノ二十四—二十五）。

(6) 人の子は定められた通りに去っていく（ルカ、二十二ノ二十二）。

(7) 人の子が来たのも、仕えられるためではなく、仕えるためであり、また多くの人のあがないとして自分の命を与えるためである（マルコ、十ノ四十五）。

学者たちのなかにはこれらの聖句のほとんどがイエスの言葉ではなく、後の原始キリスト教団の共同祈禱《きとう》から生れたものだと考えている人が多い。それはこの言葉があまりにもイエス処刑の状況に符合し、また形式的にも整いすぎているからだ。けれども、そのうち(4)だけは、原初の言葉であることを示す粗野な、そしてこれ以上、復元できぬ形を持っているゆえにイエスの言葉と考えていいと言う学者もいる。

だがこの七つの聖句がたとえイエスの言葉ではなく、原始キリスト教団の共同祈禱から生れたものだとしても、そんなことは我々にはどうでも良いのだ。我々は逆にイエスの弟子たちがこうしたイエスの受難予告の言葉を創り出さざるをえなかったそのいじらしい心理を考えるからである。そう、それほど彼等はイエスの受難の意味、そのみじめな死の謎を解きあかそうと、もがき、苦しんだのである。そしてこれらの言葉を創り出したとも言えるのである。

その上、もしこれらの言葉が本当にイエスの口から出たとしても、イエスにつき従っていた頃の弟子にはその意味もわからなかっただろう。これは弟子のイエスについての無理解を殊更《ことさら》に強調するマルコ福音書が次のような表現をとっている。「彼等、その言葉を暁《さと》らず、また問うことも憚《はばか》りいたりき」（マルコ、九ノ三十二）。なぜなら彼等はイエスのような方が神によって受難を与えられ、犬のような死にざまをするとは夢にも考えなかったからである。当時の多くのユダヤ人の心には「救い主《メシヤ》」が悲劇的死を遂げるという観念は根づいてはいなかったのである。

だが今、弟子たちはそのむごたらしい現実と向きあった。その謎を解く鍵を生前の師の言葉に見つけようとした彼等は、更に祖先伝来の聖なる文書、つまりトーラ、ネビーム、ケスビームといわれるユダヤ教の正典や外典をも問題解決に役立てようとした。当時のユダヤ人は幼い頃からこれら文書の聖句を暗誦《あんしょう》する教育を受けていたから彼等にとって聖なる文書は血となり肉となっていたのである。それらの文書に書かれた預言者の言葉のなかに鍵はかくれているかもしれぬ。彼等はユダの荒野に水を求める旅人のようにそれらの聖句を懸命に噛みしめる。討議する。そしてやがてあの「イザヤ書」のなかにその鍵を発見するのである。そこには、こう記されてあったのだ。

見よ、わが僕《しもべ》は栄える、彼は高められる。
その姿は人の子らと異なっていた。
彼は多くの民を驚かし、王たちの口をつぐます。
(だがやがて)彼は侮《あなど》られて人々に棄てられる。……
顔をおおって忌《い》み嫌われる者のように侮られる。我々も彼を尊ばなかった。
まこと彼は我々の嘆きを負い、我々の悲しみを担《にな》った。しかるに我々は思った、
彼は打たれ、神にたたかれ、苦しめられたのだと。

しかし彼は我々の咎《とが》のために傷つけられ、我々の不義のために砕かれたのだ。
我々の平安のために彼は懲《こら》しめを受け、彼の打たれた傷によって我々は癒《いや》され
たのだ。
我々はみな羊のように迷って
おのおの自分の道に向った。
主は我々すべての者の不義を
彼の上におかれた。
彼はしいたげられ、苦しめられたが
黙っていた。
屠殺場《ほふりば》に引かれる小羊のように
毛を切る者の前にうなだれる羊のように
口を開かなかった。
彼は暴虐《ぼうぎゃく》な裁きによって取り去られた。
その代《よ》の人のうち、誰が思っただろうか
彼がわが民の咎のために打たれて
生ける者の地から断たれたのだと。

しかも彼を砕くことは主のみ旨《むね》であって
主は彼を悩まされた。
彼はおのれの魂の苦しみにより、光を見て満足する
義なるわが僕《しもべ》はその智識《ちしき》によって
多くの人を義とし、また彼等の不義を負う。
しかも彼は多くの人の罪を負い
咎ある者のために、とりなしをした。
（イザヤ書、五十二―五十三より抜粋）

弟子たちはそれまでイザヤ書のこの部分を知らなかったわけではあるまい。だがこれらの言葉にその時、彼等は特に注意もしなかった。その上当時の律法学者が教えたように、ここに書かれている「わが僕」というのは特定の個人を指すのではなく、異邦人によって長い間征服され、虐《しいた》げられてきたイスラエル民族を指すのだと思っていたのである。

だが今、弟子たちはこの「わが僕」にイスラエル民族ではなく、イエスその人を見つけた。師イエスの生涯と受難と死との跡をたどるものを見た。なぜなら「わが僕は

栄える、彼は高められる」という言葉はガリラヤ湖畔で多くの人々からイスラエルを救うメシヤとして熱狂的な期待と夢とを受けた時代のイエスを指していた。だがそのイエスはやがてその期待と夢とを裏切り、無力なる者として「侮られて人々に棄てられ」たのである。それから北方のくるしい放浪の旅が続き、弟子たちの多くさえ、イエスから離れ「みな羊のように迷って、おのおの自分の道に向った」のだ。その揚句、彼は「暴虐な裁き」を衆議会から受けたが「屠殺場に引かれる小羊のように」口を開かなかった。そしてイエスは弟子たちの罪を「すべて背負い、悲しみを担って殺された」のである。そしてそれは「主のみ旨」であったが、死の直前、彼は咎ある者のため、その主に「とりなしをした」のだった。

イエスの生涯とこのイザヤ書五十二―五十三章との神秘的な符合は弟子たちを驚かせた。彼等は預言の適切さに驚いたのではない。イエスがこの預言を身をもって演じ、成就《じょうじゅ》した点に強い感動を得たのである。それまでの彼等は先にも書いたようにこのイザヤ書をユダヤ人の運命として考えてきたのだが、この時それがユダヤ人全体を指すのではなくイエス個人を示しているのだと考えたのである。

こうして弟子たちはイザヤ書を更に必死に読みつづけてみた。「地は悲しみ、衰え、世はしおれ衰え」（イザヤ書、二十四ノ四）、それはあの人を失った自分たちの心をそのまま表わしているようだ。「わが魂は夜、あなたを慕い、わが心は切にあなたを求める」（同上、二十六ノ九）。彼等のまぶたにはあの人の悲しそうな眼や微笑がはっきりと残っていた。愛そのものであり、無垢《むく》そのものだったあの人が何故、殺されねばならなかったのか。だがイザヤ書は突然、こう述べはじめるのだ。「あなたの死者は生き、彼のなきがらは起きる。塵《ちり》に伏す者よ、さめて悦《よろこ》び歌え」（同上、二十六ノ十九）

この節に至って弟子たちは愕然《がくぜん》とする。ここには、あの人が生き、そのなきがらが起きるとはっきり書いてあるからだ。

このイザヤ書の節は他の預言書におけるイスラエルの復興を象徴する甦《よみがえ》りや復活の言葉とちがってアルタクセルクセス三世時代に殉教したユダヤ人のために預言された言葉である。それは旧約聖書のなかではじめて死からの身体的な復活を意味しているとも言われている。弟子たちが当時その史的背景をどこまで知っていたかはわからぬが、彼等はこの節から苛酷《かこく》な運命を忍ぶイスラエルの復興ではなく、イエス自身の復活を読みとったにちがいない。

あの人がふたたび来る。自分たちのところに戻ってくる。その期待がこの時から弟子たちの心に生れた。でなければあの人の死に神が沈黙を守られていた意味がわからぬからだ。弟子たちがこの時、再臨について語るイザヤ書以外のダニエル書のある節やエノク書を思いだしたとしても決してふしぎではない。たとえばダニエル書のなかにも多くの殉教したユダヤ人のために次のような預言があるからだ。「また地の塵に眠る者のうち、多くの者は眼をさまさん。かくて永遠の命に至る者あり、また恥と限りなき屈辱を受ける者もあらん」(ダニエル書、十二ノ二)

日本人にとってはやや縁の遠いこのイエスの再臨意識はしかし追いつめられた当時の弟子たちには、ゆるがしがたい実感であった筈である。彼等の心には他のユダヤ人と同じように苦難の歴史からイスラエルを救う救い主《メシヤ》の待望がまずあった。しかし彼等は今、イエスの死から受けた衝撃と自己軽蔑《けいべつ》の泥沼から懸命に這《は》いあがろうとしていた。イザヤ書やダニエル書のこれらの預言を、渇いた旅人がオアシスの水を飲むように必死になって飲みほしたとしてもふしぎではないのだ。

もっとも復活や再臨の観念は当時のユダヤ人には必ずしも一般的なものではない。時には死んだ者の力が他人に働くことを復活と考える場合もあったことは、たとえば「かくてイエスの名、あらわれしかば……ヘロデ王聞きて、洗者ヨハネは死者のうちより復活したり。ゆえに奇蹟《きせき》、イエスに行わるるなりと言えるに……」とマルコ福音書六章十四節の言葉でも推測できるが、死者その人がそのまま生きかえるという考えはそれほど拡《ひろ》がってもおらず、強くもなかったのである。

だが意識の表面にはそうした考えが上らなかったユダヤ人の心にも死と再生の観念は奥深くひそんでいたように思われる。なぜなら、この死と再生の観念はユダヤ教をとりまく東方宗教のなかで随所に見られるものだからである。たとえばイラン神話にはガヨマアトと呼ばれる人祖が悪霊《あくりょう》のため死の世界に閉じこめられたが、やがて甦り、救われたという伝承がある。学者たちのなかにはこうしたオリエント宗教の死と再生の観念がマニ教やマンダ教のなかにもあり、やがてイスラエル人の思弁のなかに反映したと言う人もいる。

この時期、弟子たちが彼等のかくれ家で、生前の師の教えや言葉のなかに、また祖先伝来のユダヤ預言書のなかに、イエスの死の謎《なぞ》を解くべく苦闘している時、その背後にやはり、あの人の死を歎《なげ》き悲しむ大きな集団があったことも忘れてはならぬ。それはイエスにつき従った女たちであり、またイエスがその悲しみや病苦を担おうとしたガリラヤ地方の貧しい人々や、更にかつてイエスを見棄《みす》てて去った多くの弟子たちである。女たちや貧しい者は勿論《もちろん》その弟子たちもあの人の顔とその声をやはり忘れ去ることはできなかった。これらの人々がどのようにイエスの死を受けとめたかはわからないが、彼等のなかにイエスの思い出が語り伝えられ、そのイエス伝説をマルコのような聖書作家が編集、活用したことを、日本の優れた聖書学者、田川建三氏が既に明快に分析している。他方、外国ではあまたの学者が、日本では山形孝夫氏などが古代オリエント宗教に活躍したシドンのエシュムン神のような治癒神がイエスのイメージに重なっていると指摘している。実際、ガリラヤ地方は紀元前一〇四年にアリストプロス王がここをユダヤに従属させてから甚《はなは》だしくユダヤ化したが、ダマスコからナフリの地を越えてカイザリヤ港に至る隊商ルートがあったため、さまざまのオリエント宗教がこぼれ種のように撒《ま》き散らされたと考えてもよいであろう。そのなかにはバビロニヤから来た死と再生の物語――女神イシュタールが黄泉《よみ》の国に下ったが、エーア神の恵みによって生命の水を受け、ふたたび地上に帰ったという話や、また豊穣《ほうじょう》の神バールが兄弟の干魃《かんばつ》の神モトに殺されたあと、妹アナトの愛と努力によって生きかえるという汎神《はんしん》的なバール神話も含まれていただろう。ユダヤ教を熱心に信じた当時のガリラヤ地方の貧しい者たちはこれらの神々を礼拝した筈《はず》はないが、その死と再生の感覚は冬のあと春を祝うガリラヤの漁民や農民の心には目だたぬ、しかし根深い影響を与えたであろう。

私がこうしたオリエント宗教と新約聖書の関係を分析する学者たちの本を読むたびに心動かされるのはそれらの分析や内容と共に、弟子とその背後にあるガリラヤ集団の意識のなかに、オリエント宗教のもつ死と再生の感覚とユダヤ宗教にある死と復活の期待が混沌《こんとん》として一体になっていたという事実である。その混沌としたものがみじめなイエスの死によってはじめて触発され、何かを生み出そうとしたことである。弟子たちはイエスの教えとユダヤ教の預言書のなかに、無知なガリラヤの庶民たちは意識下にかくれた死と再生の感覚によって、つまり厳しい一神教であるユダヤ教的なものに、ユダヤ教ならざる汎神的なものが混淆《こんこう》して、今、イエスの甦りを共に期待したのだ。

それはちょうど一人の芸術家の内面で作品がうまれる過程を我々に思わせる。素材の光に衝撃をうけた芸術家が長い時間をかけて作品をつくる。その時、その作品を結晶するには彼のなかの意識的な努力のほかに、無意識の層に埋もれたすべてのものが微妙な働きをすることは誰でも知っている、だがそれだけでは足りない。芸術家は更にそうした意識的、無意識的な働きに自分の努力や意志をこえた何かが作用するのを感じる時がある、その意志をこえたものをジッドは悪魔の協力と皮肉にも言った。しかしこの時期、イエスの甦りを期待した弟子たちはこの人間の意志をこえた働きを「聖寵《せいちょう》」と呼んだのである。

芸術家が作品を創《つく》り出す時と同じ過程を弟子たちと彼等の背後にある精神共同体と

が踏んだことは聖書を読む時、はっきりとわかるのだ。弟子たちと共に、かってイエスに慰められたガリラヤの女たち、貧しい者たちがそれぞれの悲しみと追慕とからキリストという作品を生もうとしていたのだ。彼等はその期待のなかで苦しみつつ夜の明けるのを待った。ちょうど一人の母親が黎明《しののめ》の出産を苦しみながら待つように……。

そして弟子たちは遂《つい》に甦ったイエスを見た。長い苦しい夜があけて朝が来たのである。イエスはペトロに現われ、肉親の一人であるヤコブを含む他の弟子たちにも現われ、また最も古い復活報告を書いたポーロによれば「五百人以上の兄弟たちに一度に現われた」。イエスはエルサレムに現われ、エルサレムからエマオに行く路《みち》に現われ、ガリラヤ湖畔の岸に現われた。イエスがその処刑後「三日後に甦った」という日附など、ここでは問題ではない。三日と言うのはたとえば旧約のヨナ書で預言者ヨナが大魚の腹中に三日三晩いたという言葉から借りてきた象徴的な数字にすぎぬ。イエスの現われがその死後、半年後でもいい。一年後でもいい。弟子たちの期待の夜はもっと苦しく、長かったと私は考えている。

このイエス顕現（イエスの現われをキリスト教用語ではこう呼ぶ）は長い苦しい夜を送った弟子たちの宗教体験である。この深い宗教体験がどのようなものだったかは、我々には誰もわからない。なぜならこのような体験は言葉では決して言いあらわせぬことぐらいは我々も知っているからである。神秘《ミステール》なるものを人間の言語で表現できぬ。それは詩のなかに神秘的なものを導入しようとした詩人が一番、熟知しているであろう。たとえば言語によって神秘を表現しようと志したアルチュール・ランボオはそのために詩作を放棄し、沈黙している。同じように弟子たちは長い苦しい夜の後、イエスを見たが、その決定的な体験は彼等もとても言葉では言いつくせず言いあらわせなかったであろう。彼等がこの体験を具体的に語らなかったことは、イエス顕現の具体的な描写が長い間、資料のどこにもなく、現存する最初の証言であるポーロの「コリント人への手紙」もイエスが現われたというだけの描写ぬきの言葉で語っていることでもわかる。

言葉で言いあらわせぬ弟子たちの宗教体験を後世の福音書はエマオの旅人の話（ルカ、二十四ノ十三―三十五）、甦ったイエスとの食事（ルカ、二十四ノ三十六―四十三。ヨハネ、二十一ノ一―十四）などで具体的に書いた。トロクメなどのような学者はこれは「後になって作られた逸話」だと言いきっている。おそらくそれは確かだろうし、私もそれに同意する。だがこの作られた逸話は逆に読めば、弟子たちがそれぞれのイエス顕現の宗教体験から何を感得したかの手がかりになるのである。なぜならそれらの逸話も言葉では語れぬ弟子たちの体験を核として作られた筈だからである。

私はルカとヨハネの両福音書に書かれた顕現のほとんどが弟子たちとイエスが共に食事をするという点で一致していることに注目する。共に食事をするというのはイエスを精神的支柱とする教団の結びつきを象徴しているが、同時にそこには弟子たちが生涯の同伴者としてあの人を深く感得したことを示しているのだ。この同伴者イエスの意識はとりわけルカが書いた「エマオの旅人」の顕現の話にもっとも強く、にじみ出ているであろう。イエス処刑後、うちのめされた弟子の二人が「エルサレムよりおよそ三里、離れたるエマオと名づくる村に往《ゆ》く途中《みちすがら》、起りたる凡《すべ》てのことを語りあいしが、イエス御自らも近づきて彼等に伴い居たまえり」。

夕暮のエマオへの街道。イエスを裏切り、自責の念と絶望とに苦しむ二人の弟子の背後からあの人が近づき共に歩みはじめる。「彼等に伴い居たまえり」という言葉には自分を見棄てた弟子を許し、彼等の歎きや苦しみをわかち合おうとするあの人のイメージがはっきりと出ている。あるいは同伴者イエスは死後も自分たちのそばにいるという弟子たちの宗教体験が強く反映しているのだ。イエスは死んだ。しかし彼はイザヤ書に書かれたように甦って自分たちのそばに何時《いつ》もいるという意識がこの物語を生んだのであろう。

だが、だからと言ってこの時期、イエスは弟子たちにとってまだ「キリスト」になったのではない。イエスをキリストと信ずるまで彼等にはまだまだ多くの過程があったのである。

第三章　ガリラヤからエルサレムへ

マタイ福音書によればイエス処刑の後、エルサレム近郊にかくれていた弟子たちは、一時的に故郷のガリラヤに引きあげたという。マルコ福音書もそれを暗示し、ヨハネ福音書も引きあげたあとのペトロたち何人かの弟子の話を語っている。

にもかかわらず今日の学者のなかには弟子たちのこのガリラヤ帰還を疑う人がいる。それは初期の原始キリスト教団にはエルサレム派とガリラヤ派の二つがあり、ガリラヤ派を背景としたマルコのような聖書作家はエルサレム派よりも自分たちガリラヤ派を強くうち出すため、この帰還物語をわざわざ書いたとも考えられるからである。

だが、だからと言って弟子たちがガリラヤに帰還しなかったとは誰も確信をもって言えない。むしろ我々はこういう場合の弟子たちの心情にたって考える必要がある。

言うまでもなくガリラヤはイエスが最も愛し、弟子と共に歩きまわった場所でもある。と同時に住民たちの熱狂的な期待に応じなかったイエスを人々が追った場所である。

ガリラヤは弟子たちにも故郷であると同時に、師イエスとの思い出がすべて染《し》みこんでいる土地なのだ。そのガリラヤに弟子たちが戻ったとしても一向にふしぎではない。むしろ、イエスの死とその意味について、ようやくある希望の持てる解釈をつかんだ彼等は、ガリラヤの住民に自分たちの知ったすべてを語りたい、と思ったにちがいないのだ。

だから我々は福音書が語る通り、弟子たちのガリラヤ帰還を素直に信じる。我々は彼等が過越祭が終ったあと、聖都エルサレムからそれぞれ故郷に引きあげる巡礼客にかくれて引きあげたのだと考える。ペトロを中心とするこれら一団のなかには悲しみにうち沈んだイエスの母マリアや空虚な墓を最初に見たマグダラのマリア、ヨハネとヤコブ兄弟の母マリア、サロメと呼ばれる女もまじっていた筈《はず》である。

女たちがまじっている以上、彼等はユダヤ人に敵意をもっている危険なサマリヤ地方を通るのは避けただろう。一行は一度、エルサレムから南下して、イエスが修行したユダの荒野におり、世界最古の町といわれるジェリコをぬけガリラヤに向って北上したものと思われる。

ユダの荒野やジェリコの町はついこの間、過越祭のエルサレムに上るため、彼等がイエスと通った場所でもある。その時、彼等はイエスの死の決意に気づかなかった。

イエスのみじめな死も予想しなかった。そして群衆の熱烈な歓迎を悦び、自分たちの地上的な栄光だけを夢想していたのである。

だがその夢は聖都エルサレムで一挙に粉砕された。過越祭の前日、生涯を覆《くつがえ》すような事件が起った。あの人は栄光の代りに悲惨な死をとげ、弟子たちに解きがたい謎《なぞ》と課題とを突きつけたまま世を去った。その謎と課題とを今、背に負って弟子たちは髑《され》髏《こうべ》のような山々がつよい陽にさらされているユダの荒野をガリラヤに向って戻っていく。彼等はあの人の死にざまを、あの人を見棄《みす》て、裏切った自分たちの弱さを、そしてあの人の本当の姿を、あの人がイザヤ書に書かれたような生涯を送ったことを語る義務がある。

荒涼たる荒野にはヨルダン川が見えかくれしている。やがてそれが尽きるとやさしい丘や葡萄畠《ぶどうばたけ》や静かな小さな村があらわれる。そこからはデカポリスの地方であり、既にガリラヤは近いのである。

言うまでもなくこのガリラヤを一年にわたってイエスは琴の湖とよばれる湖を中心に歩きまわった。マグダラやカペナウム、ベツサイダのような湖畔の村々の会堂《シナゴーグ》を利用して話をしている。時にはコクリコの花の咲く丘にたって、裁きの神、怒りの神ではなく愛の神について語っている。彼は人々に忌《い》み嫌われている病者や収税人《パブリカヌマ》や娼婦《しょうふ》に限りない愛情をしめし、死んでいく者の手を握り、愛する者に去られた者のかたわらに坐《すわ》り、その苦しみをいつまでもわかちあおうとした。

そして人々はそんなイエスを迎え、やがて「無力なるイエス」を突き放した。イエスに奇蹟《きせき》という現実的な効果のみを期待した者もあり、あるいはイエスを自分たちの民族主義的なリーダーにまつりあげようとして、あの有名な「山上の説教」で拒否されると怒り、失望した者もいた。エルサレムの大祭司から送られたスパイがその連中を煽動《せんどう》し、イエスに従っていた弟子団にも師を見棄てた者がいたとヨハネ福音書は書いている。

それらさまざまな思い出のしみついたガリラヤは間近である。弟子たちはおそらく、イエスがそこで育ったナザレの町を通ったであろう。ナザレにはイエスの肉親がいたからである。その肉親も生前、必ずしもイエスに好意を持っていなかった。彼等のうちヤコブ、ヨゼフ、シモン、ユダの四人の従兄弟《いとこ》(彼等をカトリックでは従兄弟と考えているがプロテスタントでは兄弟と見ている)はイエスを狂人として取り押えようとしたことさえあるのだ(マルコ、三ノ二十一、三十一。ヨハネ、七ノ一―五)。

弟子たちがこの四人の従兄弟と帰還の途上に再会したのか、それともその後の短いガリラヤ湖畔滞在中に会ったのかはわからない。しかしこの時期に両者に和解と友情とが戻ったことは確かである。使徒行伝はこれらの四人の従兄弟が弟子のグループに参加したことを報告しているからだ（従兄弟たちの参加が弟子グループにどういう影響を与えたかは後述する）。

久しぶりに戻ったガリラヤ、湖も対岸に見える山々も山々の背後の白いヘルモン山もすべてが変らないのに、イエスだけがもう、いないことを感じた時、弟子たちは今更のように自分たちが何を失ったかを知ったであろう。我々もまた自分たちの人生で愛する者に去られた際、同じ思いを味わうゆえに、この弟子たちの悲しみがわかりすぎるほど、わかるのだ。彼等はイエスの面影を憶《おぼ》えている湖畔の住民たちにまずあの日の受難の模様のすべてを語りきかせ、そして自分たちがいかに間違って彼を考えていたかを率直に告白したであろう。なぜならガリラヤの住民たちが現実的な効果の面（奇蹟や民族的指導者）だけからイエスに何かを期待していたと同じように、弟子たちもイエスの真意をその死まで少しも理解していなかったからだ。

この弟子の話に耳傾けた者は、まず、素朴な貧しい湖畔の人々だったと思われる。イエスに慰められたあの長血を患《わずら》う女や人々に見放された病人たち、イエスの足もとで泪《なみだ》をながした娼婦——そういった庶民階級はむさぼるように弟子の話を聞いただろう。ガリラヤに残ったイエス伝承を使って書いたマルコ福音書には、素朴で土の臭《にお》いのする話があまた織りこまれているが、その話の最初の担《にな》い手こそ、この時、弟子たちの言葉に耳かたむけた湖畔の庶民たちだったのである。

弟子たちは自分たちの卑劣な裏切りもかくさなかったであろう。その問題がなければ、人々の罪の贖主《あがないぬし》としてのキリストのイメージが後のキリスト教に生れなかったからである。弟子たちは更にイエスの死が突きつけた深い謎と宿題を自分たちがエルサレムの夜、どのように苦しみつつ考えたかも語った筈である。

あなたの死者は生き
彼のなきがらは起きる
塵《ちり》に伏す者よ
さめて悦び歌え
（イザヤ書、二十六ノ十九）

弟子たちはこのイザヤ書がイエスの生涯をそのまま語っていたことと、そのイザヤ書にイエスの復活と再臨とが予告されている以上、あの人はふたたびこの地上に戻ってくると熱っぽく訴えたにちがいない。

だが湖畔の住民たちが弟子たちののべるこのイエス再臨の希望についてどう反応したかをマタイ福音書は正直に記録している。「されど、疑う者もありき」（マタイ、二十八ノ十七）

されど、疑う者もありき。この福音書の正直な記事はこの時期、ガリラヤ住民にはイエスが愛の人、愛そのものであることは理解できても、それ以上の存在、人間を超えた存在として考えることのできなかった者たちがいたことを伝えている。イエスが甦《よみがえ》り、ふたたびこの地上に再臨するほどの存在――当時の言葉を借りるならば「神の子」や「人の子」――としては考えられぬと思った者たちのいたことを示している。たしかに当時のユダヤ人のなかには復活の観念を東方《オリエント》宗教の影響から持つ者もいた。サドカイ派はともかく、パリサイ派のユダヤ教徒には地上から去った義人が甦って、ふたたび人々を救うために再臨するという考えを抱く人がいた。パリサイ派の影響をうけたガリラヤ住民にもこの気持はあったろうが、その彼等さえもそこまでイエスを高めることはまだできなかったようである。

福音書はこうした矛盾を決してかくしてはいない。たとえばガリラヤ住民だけではなくイエスに最後までつき従った弟子にもペトロのような仲間が「見た」復活したイエスの姿を最初は疑った者のいたことを記述している。たとえばトマという弟子がそうである（ついでに言っておくがイエスの死後、イエスを見たというのはその語法から言っても眼で見たのではなく、より高きものから啓示を受けるという宗教体験を示すものである）。このトマの例は初期の弟子もイエスの愛を知り、その死を痛切に悲しみながらも、一時は師を人間的な次元で考え、人間を超えた高い存在としては信じなかった者のいたことを伝えているのだ。

　こうしてガリラヤでは弟子たちの話を聞く者は二つにわかれた。イエスを人間的な次元でしか考えぬ者と、イエスを人間以上に思う者と。弟子たちの言葉通り、あの人がふたたび姿を見せ、人間を愛しに来るだろうということを期待する者とそれを否定する者と。弟子たちが体験したイエス顕現を信ずる者とそれを疑う者と。そして信ずる者は、疑う者があればあるほど、たがいに強く結束するものだ。弟子たちやその周りに集まってきた者の場合もそうだったのである。

　これが最初の原始キリスト教団のはじまりとなった。イエスの再臨を願う者、信ずる者がまず結集した。グループの核になった者たちのリストを今日、我々は使徒行伝の第一章にみることができる。すなわちイエスの生前から彼につき従っていたペトロ、ヨハネ、ヨハネの兄弟のヤコブ、アンデレ、ピリポ、トマ、バルトロマイ、マタイ、アルパヨの子ヤコブ、熱心党《ゼロテ》のシモン、ヤコブの子ユダそれにイエスの母マリアとイエスの従兄弟、それに女たちである。

グループの中心人物となったペトロについては後に語ることが多い。ヨハネとヤコブとは兄弟であり、ペトロと同じようにガリラヤ湖畔の漁師だった。マルコ福音書から推察すると他の弟子よりやや裕福な生れであり、学者のなかには彼等はイエスと縁つづきだったと言う人もいる。ルカ福音書九章五十四節から推測するとこの兄弟は烈《はげ》しい性格の持主で、その点、ガリラヤ人気質をそのまま出しているように思われる。イエスは生前この兄弟をからかって「雷の子《ボアネルゲ》」と言った（マルコ、三ノ十七）と書かれている。

ペトロの兄弟であるアンデレはこの兄弟と同じようにガリラヤ湖畔ベツサイダ村の漁師である。彼は最初、イエスと同じようにユダの荒野の洗者ヨハネ教団に身を投じていたが、そこでイエスを知り、最初にその弟子となった一人である。ペトロがその彼の紹介でイエスに従ったことは言うまでもない。

ピリポについては共観福音書はほとんど触れておらず、別の資料を使ったヨハネ福音書によって彼もまたガリラヤ湖畔のベツサイダ村出身であることがわかる（ヨハネ、一ノ四十四）。彼はユダの荒野から戻ったイエスの呼びかけで弟子に加わっている。

トマについても共観福音書は何も語らずヨハネ福音書によって我々はそのイメージを得るのだが、その出身地もどのようにして弟子団に加わったかもわからない。先ほどのべたように彼がイエスの復活を疑った挿話はあまりに有名である。

バルトロマイに関しては福音書はその名を記載するのみで、まったくわからない。この点については熱心党《ゼロテ》のシモンとアルパヨの子ヤコブも同じである。したがって我々はこの三人について福音書からは何の手がかりも得ることはできぬ。ただ熱心党《ゼロテ》のシモンについては彼がイエスを知る前にローマにたいし過激な革命運動を行おうとしていた熱心党《ゼロテ》に入っていたのではないかと考えることはできる。

最後にマタイについては彼の前身が当時、人々に嫌われていた収税人《パブリカヌマ》だったことをマタイ福音書とルカ福音書とが書いている。収税人は当時「人殺し、盗賊」と同列に並べられるほど軽蔑《けいべつ》された職業だった。彼が何処《どこ》で生れ、育ったかはわからぬがイエスに出会った時は、この弟子はすべてを捨てて従ったのである。伝承はマタイ福音書の作者はこの収税人だったマタイと伝えているがもちろん、これは事実ではあるまい。

使徒行伝のリストにはこれら十一人の弟子の他にイエスの母マリアとその四人の従兄弟たちがふくまれている。だが、このリストはそのまま見逃すことのできぬ謎を持っているのだ。

その謎というのはイエスの四人の従兄弟たちの参加である。先にも触れたようにイエスの生前、ヤコブ、ヨゼフ、シモン、ユダと呼ぶこの四人の従兄弟たちは必ずしも生前のイエスに好意を持っていなかった。イエスがユダの荒野から戻ってガリラヤに伝道を開始した頃にはこの四人はイエスと行動を共にした（ヨハネ、二ノ十二）。しかしやがて彼等はイエスから離れていった。マルコ福音書によれば従兄弟たちはイエスを狂人だと思い、家に連れ戻そうとさえしている（マルコ、三ノ二十一、三十一）。マルコ福音書だけではない。ヨハネ福音書も彼等が「イエスを信じざりき」（ヨハネ、七ノ五）とはっきりとのべている。

その彼等が今、なぜ、この最初の原始キリスト教グループに身を投じたのか。福音書も使徒行伝もまったくその理由には触れていない。だが我々はこの事情を詮索《せんさく》する前に、彼等がなぜイエスを「狂人と思い」「家に連れ戻そうとしたか」を考える必要がある。

これらの従兄弟たちはいずれもナザレに育った人間である。ナザレのユダヤ教徒は元来、禁欲《きんよく》的傾向が強く、きびしい律法主義者と言われているが、従兄弟の一人ヤコブは特にそのような「ナザレ人《びと》」の代表者だった。ヘゲシップスの記述によるとヤコブは「葡萄酒や他の酒も口にせず、肉も食べることがなかった。頭に剃刀《かみそり》を当てず、体に油を塗らず、また入浴することもなかった」。そして彼はたえず祈ったのでその膝《ひざ》が駱駝《らくだ》の膝のように固くなっていたという。

ヘゲシップスの書いたヤコブのイメージはあきらかに禁慾的で、きびしいユダヤ教徒の姿である。祖先伝来の律法をかたくなに守り、神殿を心から敬うユダヤ人のなかでもとりわけ彼は身を持するに厳しい人だったのであろう。

そのヤコブのような男にはイエスは遂《つい》に理解しがたい従兄弟だった。なぜならイエスはユダヤ教の最も重しとする律法や神殿よりも愛を高しとしたからである。それまでの預言者たちの語った怒りの神、裁きの神を覆し、愛の神を人々に伝えようとしたからである。律法がきめた安息日厳守の命令にも「人が安息日のためにあるのではない。安息日は人のためにあるのだ」と言うイエス、ユダヤ教徒が何よりも聖なる場所としたエルサレムの神殿についても「やがて、この神殿が崩れる日が来る。その時は石の上に一つの石も残るまい」とのべ、神殿よりも、もっと永遠なるもの——愛を教えようとしたイエスはヤコブの眼からは「気が狂った」としか映らなかったであろう。

そのヤコブと他の従兄弟たちが今、なぜ、どのようにしてイエスの弟子グループと和睦《わぼく》し、それに加わったかは我々にはわからない。わからないが、しかしこのきびしいユダヤ教徒であるヤコブたち四人の従兄弟が参加することによって最初の弟子グループのユダヤ教に対する傾向が決ったと私は思う。言いかえるならば最初の弟子グループはヤコブも納得するような祖先伝来のユダヤ教の枠組のなかで、イエスがふたたびこの地上に現われるのを待ち、イエスの教えを嚙《か》みしめたということなのだ。それは国境を超え、民族を超えて発展した後のキリスト教にはまだまだほど遠いキリスト教だったのである。神殿や律法よりも愛が高いと言ったイエスの開放的な考えはこの時期、無視され、ユダヤ教の流れのなかで弟子たちはイエスを考えたのである。そしてこのことはその後のさまざまな教団の事件や軋轢《あつれき》にもひそかな素因となったと私は考えている。

もちろんユダヤ教の枠内にあったとはいえ、これら弟子たちがエルサレムの大祭司や貴族祭司の主流派と同じ考えを持ったのではない。弟子たちの眼から見ればエルサレムの主流派であるサドカイ派の信仰はローマと妥協している腐敗したユダヤ教だった。彼等の師イエスも同じ考えにたつからこそ、主流派の憎しみをかい、遂には処刑されたのである。その意味でも最初の弟子グループはユダヤ教の枠内にとどまったとしても、たとえばユダの荒野でサドカイ派に敵意を持っていたエッセネ派のように反主流派的であり、非正統的だった。しかし彼等はこの頃、表だってそのサドカイ派に敵対行為は見せなかった。彼等はたびたび集まってガリラヤ湖畔の山で祈ったらしいが（マタイ、二十八ノ十六）、他のユダヤ教徒と同じように律法を守り、ユダヤ教聖典を読むといったものだったろう。

彼等の心の支えは甦ったイエスがやがてこの地上に再臨するという希望だった。再臨したイエスがくるまで自分たちはその準備をせねばならぬという気持を抱いていた。第二イザヤ書から得たこの希望は彼等の言葉では MARAN-ATA《マランアタ》（主は来てくださる）と言い、彼等のせつなる希望は MARANA-TA《マラナタ》（主よ来てください）だった。母を裏切りつづけた子が、その死んだ母をひたすら追慕するように弟子たちは自分たちが見棄てたイエスを慕った。更に彼等はイエスが卑怯《ひきょう》だった自分たちすべての助命と引きかえに十字架で処刑されたことを決して忘れることはできなかった。恥心と後悔とに苦しみながら彼等はこの気持を更に発展させて、イエスは人間のすべての罪を一人ひき受けて死んだのだと考えるに至ったとしてもふしぎではない。

したがって最初の弟子の最初のイエス観は人間の罪の生贄《いけにえ》としてのイエスであり、そしてそのイエスがふたたびこの地上に姿を見せ、このガリラヤ湖畔でかつてそうしたように自分たちを愛しにくるだろうという MARANA-TA《マラナタ》 の希望から成立していた。この二つのイメージは後にイエスを更に神格化するまでの最初のステップであったことは言うまでもない。二つのイメージはあのイエスのみじめな死の衝撃と弟子たち自身の裏切りという現実の体験から生れたものであるゆえに、彼等には観念ではなく、なまなましい実感だったのである。

イエスの弟子たちがガリラヤに逃れ、小さなグループを作り、集会と祈りの生活を送っているという情報はガリラヤ湖畔のスパイからエルサレムの衆議会に送られただろう。しかし大祭司カヤパもサドカイ派の祭司もこれを問題にしたとは福音書はまったく書いていない。それはひとつにはこの小さなグループが問題にするほどの大きな勢力ともならず、またその生活は他のユダヤ教徒と同じような律法尊重のものだったからである。この点、グループの中心となったペトロには福音書に書かれているような直情径行な、そしてガリラヤ人気質まる出しの人物のほかに細心で慎重な組織指導者の一面があったにちがいない。それは後の彼の動きを見てもわかるのである。ヤコブをはじめとする熱心なユダヤ教徒のイエスの従兄弟《いとこ》をグループに入れてユダヤ教徒の警戒心を緩和させたのも、ペトロの老獪《ろうかい》な考えによるのではないかと思われるくらいである。

小さな弟子グループにどのくらい新しい人々が加わったかは我々にはまったくわからない。しかし今日、学者たちには最初のキリスト教団はガリラヤを中心とする北部パレスチナで発生したと考える人は多い。エルンスト・ローマイヤーはその『ガリラヤとエルサレム』のなかで原始教会は「異邦人のガリラヤ」とよばれたガリラヤと東のペリヤ、デカポリスと北のヘルモン山に及ぶ地域から少しずつ生れたのだと言っている。そしてそれらの「異邦人のガリラヤ」はイエスが伝道の旅を行った地域にほかならぬ。そこに住む住民のなかには生前のイエスが律法にも神殿にもとらわれず、より高い愛と愛の神とをどれほど語ったかに今、気づいた人もいた筈《はず》である。この人々が最初の弟子グループに加わった時、それが依然としてユダヤ教の枠内にとどまっていることにかすかな疑問と不満とを抱いたとしてもふしぎではないだろう。先にも言ったようにやがて生ずる教団内のひそかな軋轢はそこから始まるのだ。

こうしてガリラヤ湖畔で結成されたグループは使徒行伝によるとその家族を連れて聖都に移住する。その時期がいつであり、その理由が何だったかは行伝は語っていない。おそらく——私の想像では——イエスの来臨をガリラヤで待っていた彼等は聖都エルサレムこそ、その場所だと考えなおしたのであろう。来臨の場所はエルサレムだと思えばこそ、弟子たちはその妻子をも連れて——弟子たちのなかにはペトロのような妻帯者もいた——聖都に移住したのである。

聖都エルサレム、それは彼等にとって師イエスの受難と死の思い出がまだなまなましく残っている場所である。彼等の弱さと裏切りが苦しく思い出される跡でもある。その聖都に戻るにはたしかに深い決心がなければならなかった。使徒行伝によると彼等は「オリーブ山から聖都に入り」とある。この一行を使徒行伝の作者ルカが記述した時、彼は自分が先に書いたルカ福音書の十九章を想起したにちがいないのだ。なぜならそこでルカは受難と死を決意したイエスがこのオリーブ山から驢馬《ろば》にのって聖都に入った光景を描写していたからである。イエスはこの時、眼下にひろがるエルサレムの町を見て「けだし、日、まさに汝《なんじ》に来《きた》らんとす」と泣くのである。その同じ道を今、弟子グループはエルサレムに向っておりていく。けだし、日、まさに汝に来らんとす、という思いで……。

オリーブ山からおりた弟子たちはこの町で「屋上の間」のついた家を住処《すみか》とした。屋上の間というのは当時、律法学者たちの書斎や集会所として使われており、弟子たちは祈りの場所としてそんな部屋つきの家を必要としたのである。伝承によると、その家はイエスが「最後の晩餐《ばんさん》」で弟子たちと共に食事をした家だという。

だがこの伝承が事実か想像かはともかく、彼等はこの小さなエルサレムの町の到《いた》るところに最後の日のイエスをありありと思い出したであろう。狭いまがりくねった路《みち》はあの人があの日、重い十字架を背負い、よろめき、倒れながら歩いた路である。ダビデ門の近くにある知事ピラトの官邸、そこはあの人がローマ兵士から嘲《あざけ》られ、ピラトから死刑の宣告を受けた場所である。そしてオリーブ山の麓《ふもと》にある搾油所《ゲッセマネ》はあの人が神殿警備隊に逮捕された所なのだ。

だが何よりも弟子たちにとって辛《つら》かったのは「髑髏《ゴルゴタ》」ともいわれ「園」とも呼ばれたエルサレム城外のあの人の処刑場と、そして大祭司カヤパの邸《やしき》を見ることだったろう。そのカヤパの邸こそイエスが緊急会議でサドカイ派の議員たちから裁かれた会議場だけではなく、ペトロが弟子全員を代表して、そのカヤパと妥協することでイエスを見棄《みす》てた屈辱と裏切りの場所だったからである。

エルサレムに戻ってきたこと、それは弟子たちにとってあの暑かった師の受難の日と共に自分たちの弱さ、自分たちの卑怯さを嚙みしめることにほかならなかった、と同時にその自分たちを恨みも憎みもせず、神にとりなしてくれたあの人の愛を甦《よみがえ》らすことにほかならなかった。そのような人が消える筈はない。そのような人を神が見棄てる筈はない。そのような人の苦しみと死とには、神が与えたひそかな、深い意味がある筈である。だからこそあの人は甦ったのであり、そしてふたたびこの地上に現われてくる。でなければ、この自分たちの弱さはどうにも償えないのである。それがエルサレムにおける弟子たちの率直な感情だった筈だ。この時期、彼等は「耐忍《たえ》びつつ祈りいたり」と使徒行伝は書いている。「耐忍びつつ」というこの言葉は我々の心をうつ。彼等は何に耐えたのか。言うまでもない。あの人を裏切った自分たちの弱さ、恥ずかしさを耐忍んだのである。

だがその使徒行伝は同時に弟子たちが「毎日心を同じくして長時間、神殿におり」（使徒行伝、二ノ四十六）、「心を一つにしてソロモンの柱廊にありき」（使徒行伝、五ノ十二）とのべている。これらの記述は弟子たちがいわゆるユダヤ教徒と同じように神殿に詣《もう》で、律法に従って生活を行っていたことを示している。しかも、これは原始キリスト教団の歴史の上で非常に重大なことだから記憶してほしいが、自分たちの新しい仲間にユダヤ教徒とユダヤ人しか入れなかったのである。ユダヤ人以外の異邦人が彼等のグループに加わることは絶対に認められなかった。その意味で彼等はまだ排他的であり閉鎖的だった。イエスを崇《あが》め、イエスを「救い主《メシヤ》」と考え、イエスの再臨を信じながら彼等はそのイエスを殺した大祭司や衆議会に敢然として反抗する姿勢も持てなかった。要するにユダヤ教の枠内で彼等はイエスの再臨を考えていたのだ。

大祭司カヤパやイエスを裁いた衆議会の議員や祭司たち、つまりサドカイ派はイエスの弟子グループがエルサレムに移住してきたことは勿論《もちろん》、知ってはいたろうが、これらナザレ人《びと》をみくびっていた。彼等はあの弟子たちは師を見棄て自分たちに妥協した連中だと高を括《くく》っていたのである。のみならず民衆を煽動《せんどう》する危険な運動を起さぬ限り、大祭司たちはユダヤ教の分派を黙認する方針をとっていた。神殿に毎日、祈りに行くこれらナザレ派（初期のキリスト教徒は人々からそう言われていた）は別段ユダヤ教を害するものではない。特にイエスの四人の従兄弟たち、ヤコブの熱心な教徒としての姿勢は大祭司カヤパたちに安心感を与えたのであろう。

ともかく、弟子たちグループは共同生活を送りながら、次第に後の原始キリスト教団の母胎となる組織をつくりはじめていた。この時期でペトロとイエスの従兄弟ヤコブとのどちらがグループのなかで重んじられたかはわからない。ペトロは生前の師イエスから筆頭弟子として指命されていたが、ヤコブはそのイエスの血縁にあたる。グループのなかには勿論、イエスの母マリアも混っていたが、当時のユダヤ人には男尊女卑の風習があったから彼女は問題の外にあった。シュタウファーのような学者は、グループではペトロと従兄弟ヤコブの間に席争いがあったと考えている。それは誰が最初に復活したイエスを見たかというイエス顕現の証人リストにペトロを第一においた西方の福音書伝承とヤコブを最初にしようとした東方の福音書伝承との争いがうかがえるからである。

だが果してヤコブとペトロとの間に微妙な席次争いがあったのかはわからないにし

ても、このグループでは従兄弟ヤコブがユダヤ教そのものに最も接近して考え方も保守的であり、ペトロはそれほど保守的ではなかったが、むしろ慎重な態度を守っていたことがその後の両者の動きで我々には推察できるのである。

ユダヤ教の枠内にとどまっていたとは言え、グループが人々にイエスのことを黙っていたわけではない。彼等は毎日、神殿に詣で、そこで集う人々にイエスの生涯と復活と再臨について語った。有産階級、高級祭司、土地貴族を背景として死者の復活を信じない合理主義のサドカイ派はこの話に耳傾けなかったが、職人や手工業者の階層に支持者が多く、自分たちを「分離されたる者《ペルーシュ》」と呼び、復活や最後の審判、天使と霊を信ずるパリサイ派の者たちのなかには少しずつ、弟子たちの言葉を聞く者がふえてきた。実際、この頃、パリサイ派と弟子たちの間にはたった一つの点を除いて考え方に大きな開きはなかった。その一点とは何度もくりかえすようにイエスの復活とその再臨を信ずるか、否《いな》かということだった（福音書にはパリサイ派を非難した言葉が随所に見られるが、これは後にサドカイ派が消滅したあとの原始キリスト教団とパリサイ派との軋轢を反映したものである）。したがってこの弟子グループの呼びかけを真面目《まじめ》に傾聴したのはエルサレムの上層階級よりは職人や手工業者のような庶民だったのである。

エルサレムの神殿で弟子たちが好んで集まったというソロモンの柱廊はふかいケデロンの谷に面している。かつてイエスはここを歩き（ヨハネ、十ノ二十三）、弟子たちにも思い出ふかい場所である。彼等は人々に何を話したのか。行伝にかかれている当時の弟子たちのまとまった確信ある説教は作者ルカが後に構成したもので、それがそのままだったとは信じがたい。私は弟子たちはもっと素朴にもっと苦しみながら、自分たちの再発見したイエスをもどかしそうに語り、自分たちもそのイエスを見棄て裏切ったのだ、とも必死に告白したのだと思う。その必死なものがなければパリサイ派に属する人々はふたたびイエスに心ひかれなかった筈であり、更に進んで弟子たちグループに参加しなかったと思われるからだ。これらエルサレムの住民には十字架を背負って刑場によろめきながら連れていかれたイエスの姿を目撃した者も多かった。彼等がそのイエスのみじめな姿をまだはっきり憶《おぼ》えていればこそ、弟子たちの正直な話も告白も現実感をもって聞くことができたのである。

もしそうだとすれば原始キリスト教団の最初の出発点はイエスを見棄て裏切ったことの悲しさからすべて始まるのである。それはまた裏切った弟子たちを憎むどころか、なお必死に愛そうとした母親のようなイエスのイメージから生れていったのだ。裏切った子と愛してくれた母との関係。そこから人間のすべての罪を背負うイエスのイメージが生じた。そして人間のその弱さ、哀《かな》しさを理解してくれる同伴者イエスのイメージができた。その同伴者イエスがふたたび自分たちのそばに来てくれるという信念が発生した。キリストとなるまでのイエスのイメージの第一歩はすべて、このなまなましい告白から始まったのである。

第四章　弾圧事件と最初の分裂

こうしてエルサレムに戻った弟子たちの言葉に少しずつ耳傾ける者がふえてきた。前章でものべたように最初の頃は人々はこの「ナザレ人《びと》」たちを新しい宗教の担《にな》い手だとは少しも思っていなかった。イエスを処刑にした思い出はまだ忘れてはいなかったが、エルサレムのユダヤ人は自分たちに屈服したこのイエスの弟子たちがユダヤ教徒と同じ宗教生活を送っているのを見て安心したのである。ユダヤ教のなかには貴族祭司を主体としたサドカイ派、職人や手工業者に多くの信者を持つパリサイ派、更にユダの荒野に閉じこもるエッセネ派のクムラン教団があるように、これら「ナザレ人」たちもユダヤ教の一分派ぐらいに彼等は考えたのである。

ただ「ナザレ人」たちの話が他のユダヤ教の諸派とちがう点はイエスが人々の罪を背負って死んだ義人であり、この義人は一度、甦《よみがえ》って天にのぼったが、やがて必ず再臨するにちがいない、という一点だけだった。他の点についてはその考え方はユダヤ教の諸派とさして違いはなかった。その上、ペトロの慎重な指示に従って「ナザレ人」たちは熱心で敬虔《けいけん》なユダヤ教徒として毎日、欠かさず神殿に詣《もう》で「もろともに神を讃美《さんび》していたがゆえに人々の好意を獲《え》ていた」（使徒行伝、二ノ四十七）。またこの「ナザレ人」は生前のイエスに習い、病人たちの治療にも当っていた。

「ナザレ人」をまったく無視したのは貴族階級からなるサドカイ派である。サドカイ派は義人の復活などという考えを荒唐無稽《むけい》なものとして信じていなかったからだ。だが庶民階級からなるパリサイ派には復活を信ずる者も多かったから、「ナザレ人」の説くイエスの再臨の話に興味を覚える者も出はじめた。

おそらく、それはこれらユダヤ人の庶民たちがながい間、ユダヤ教の持つ怒りの神、神の怒りのイメージに疲れてきたためであろう。事実、彼等は神の怒りの歴史のなかに生きていた。彼等は自分たちユダヤ人の国がさまざまな異国民に蹂躙《じゅうりん》され、忍従と苦難の生活を続けねばならなかったのも神の怒りのためだと考えていた。神の怒りが解ける時、神は自分たちのために「救い主《メシヤ》」をこの国に送る。メシヤは異民族たちを駆逐し、ふたたびユダヤの地に栄光と誇りを与えるという期待に人々はむなしく、長い間、生きねばならなかったのである。

この時「ナザレ人」たちはイエスこそその神の怒りを解く待ちに待ったメシヤだと

はっきり言う。イエスは神に自分たちの罪の許しを求めるため、みじめにして苛酷《かこく》な死を遂げたのだと語る。断絶した神とユダヤ人との仲介者としてのイエスのイメージを教えた、具体的で熱っぽい、この話は、疲れたユダヤ人たちにはたしかに魅力的だったのだ。少しずつ弟子たちグループに参加する者がでてきたとしてもふしぎではない。

こうして最初は生前の弟子とイエスの血縁者だけの小さな共同体が小さいながらも組織を作るようになった。後世で言う原始キリスト教団が芽ばえたのである。

使徒行伝はまずこの教団の経済生活について我々に記録を残している。教団は原則的に共同生活を送り、食べものも配給制をとっていた。教団の維持費は教団員の寄附によって支えられた。ただ財産のすべてを教団に捧《ささ》げて共有財産制で生活したユダの荒野の宗教結社クムラン教団とちがって、原始キリスト教団では各自の私有財産は認めていた。使徒行伝はキプロス島生れの下級祭司だったバルナバという男が自分の畠《はたけ》を売った代金を寄附したことを書いている。が、しかしバルナバは畠以外の自分の財産を私有することは認められていた。

こうして組織の経済生活が確保されると、指導者である「使徒」の補充選挙が必要となった。イエスは生前、自分の弟子たちのなかから十二人の直弟子を選んだが、ユダの裏切りとその死によって空席と欠員が生じていたからだ。このユダの席を埋めるため、ペトロを選挙委員長とする集会が開かれ、バルサバとマッチアスと呼ばれる男を立候補させた。バルサバは皆から「義人」と綽名《あだな》されていたほどの人物だったのである。

使徒行伝はこの時、籤《くじ》によってバルサバが落ち、マッチアスが選ばれたとのべているが、学者のなかには当時のユダヤ人には籤の風習はなかったから、この部分の使徒行伝の記述は創作として疑う人もいる。

いずれにしろ、今や新しい教団は小さいながらも形を整えはじめた。もちろん彼等にはまだ後世のように「キリスト者《キリシタン》」という名称はなく、ユダヤ教徒からは「ナザレ人」と呼ばれ、自分たち仲間の間では「聖徒」あるいは「貧しき者《ハ・エビオニム》」と称していた。この「貧しき者」とはもちろん金銭的な意味ではなく、心まずしき者を指したのである。そして彼等は自分たちの運動を「この道」とよんでいた。

教団の代表者はいうまでもなくペトロである。使徒行伝を見ると、先程のべた教団の経済面の確立にも、またユダの席を埋める選挙でもペトロが指導的な発言をしていることが窺《うかが》える。福音書では直情径行の男として描かれているペトロがその反面、慎重で包容力のあるリーダーとしての面も持っていたことは後の彼の行動からも推察できるのだ。

当時ペトロがとりわけ気を使ったのは、ようやく生れたばかりの教団をユダヤ人たちの無用な憎しみや迫害から守るという点だった。彼はそのために二つの手を打った。まず敬虔なユダヤ教徒だったイエスの従兄弟《いとこ》ヤコブを教団の指導者グループに加えたことである。第二に——これは非常に重大なことだが——サドカイ派はもちろん、パリサイ派も崇《あが》めてやまない神殿を決して軽視しない態度を見せたことである。このペトロの考えに従って使徒たちはもちろん、教団の信者たちもエルサレム神殿に熱心に通い、神殿を冒瀆《ぼうとく》する言辞を人々の前で弄《ろう》さなかった。弟子たちはサドカイ派もパリサイ派もこの神殿を侮辱する者だけは絶対に許さぬことを知っていた。彼等の師イエスを処刑した時もこの神殿軽視の態度が大きな口実にされたこともよく知っていた。ペトロはおそらく、その点を厳重に皆に戒めたにちがいない。

だがこうしたペトロの慎重な方針にもかかわらず、「ナザレ人」グループがイエスを信ずる以上、ユダヤ教徒から疑惑を抱かれるのは時間の問題である。最初の頃、イエスの弟子グループを無視していた大祭司カヤパとサドカイ派も、新教団に関心を持ちそれに加わる者が増えるのを見て、ようやく警戒心を持ちはじめた。彼等はもちろん、自分たちが死刑にまで至らしめたあのイエスを忘れてはいなかった。カヤパは弟子たちのイエス否認を条件に、全員の追及をひかえたが、その弟子たちがエルサレムに戻り住みつき、あたらしい教団を作っただけでなくこの連中が処刑されたイエスの復活と再臨を人々に語っているのを知って、疑心を抱くようになった。たびたび書いたようにカヤパたちサドカイ派の祭司はパリサイ派とちがって死者の復活を荒唐無稽なものとして信じていなかったが、大祭司は早速、教団の指導者ペトロを訊問《じんもん》することにした。

使徒行伝はサドカイ派の祭司と神殿隊長とサドカイ教徒とがこの命令を受けてペトロと使徒ヨハネを連行した事件を書いている。折しもこの日は衆議会の会合がある日で、カヤパはもちろん、その岳父の前大祭司アンナス、カヤパの兄弟で後に大祭司となったヨナタンなども列席していた。行伝はこの時、ペトロが泰然としてイエスの復活と、イエスによる救いをのべたと伝えている。

事実性の面からみるとこの行伝に書かれたペトロの抗弁の内容は必ずしも信じがたいと言う学者がいる。トロクメのような学者はこの箇所は裁判についての伝承を後のペトロの説教に結びつけて作者ルカが構成したのだとさえ言っている。だがその真否はともかく、この頃、カヤパたちサドカイ派がようやくナザレ人の新しい教団に不安と警戒心を抱き、何らかの形で弟子たちをとり調べたことは確かであろう。

衆議会は新教団にたいする措置を協議した末、「今後一切、イエスの名をもって語り、教うることなかれ」という条件でペトロとヨハネを釈放した。彼等がそれ以上、手をくだせなかったのは新教団を罰する決定的な要素が見つけられなかったからである。決定的な要素とは神殿を侮辱したり、軽視したりする行為がこの教団の言動にはなく、逆に弟子たちがたえず神殿に詣でるユダヤ教徒だという事実である。衆議会は仕方なく、「イエスの名によって教える」ことを禁じただけで二人を釈放した。その意味でもペトロの慎重な態度が最初の試練から教団を救ったのだ。

行伝は更に二回目の逮捕がこの後行われたことも伝えている。もしこの記述が本当ならば、弟子たちは衆議会の警告を無視して相変らず「イエスの名によって教え」、イエスの再臨を人々に告げていたのである。慎重なペトロがこうした冒険を敢《あ》えて行ったのも、イエスなしでは自分たちの教団はありえず、その再臨を待つのが教団の存在意義だったためだが、第一回目の逮捕の経験で、神殿を軽視したり、侮辱しない限り、衆議会には決定的な措置をとる力がないと見ぬいたからにちがいない。

衆議会は前回、ペトロとヨハネの二人だけを逮捕したのにたいし、今度は主要な弟子たち全員の捕縛に踏みきった。サドカイ派の祭司たちは「かの名によりて教うることなかれとは、我等がきびしく命ぜしところなるに、汝《なんじ》等はその教えをエルサレムに満し」（使徒行伝、五ノ二十八）と違反行為を責めたがペトロたちは抗弁した。彼等が鞭《むち》うちの罰だけで釈放されたのは、パリサイ派の学者、ガマリエルが使徒たちを弁護してくれたからだと行伝はのべている。ガマリエルはかつてファドウスがローマ知事だった頃に、人々をヨルダン川に伴い、自分の一言でこの川は裂け、路《みち》ができると広言して殺された偽《にせ》預言者のチューダや、ガリラヤで反乱を起して亡《ほろ》びたユダという男を例に引きながら、「ナザレ人」の教団ももし贋物《にせもの》ならば必然的に崩壊するだろうし、まこと神のものなら我々が何をしても無駄であろう、と弁護したのである。

もっともこの使徒行伝の記述も事実かどうかはわからない。学者たちのなかにはこのガマリエルの演説とフラビウス・ヨセフスの『ユダヤ古代史』と比較してそこに時代的な錯誤があることを見つけ、この部分はルカの創作であろうと考える人も多い。

だが行伝がのべたこれら二つの事件は芽ばえたばかりの教団にようやく大祭司カヤパたちサドカイ派の圧迫があったことをなまなましく我々に伝えてくれる。そしてパリサイ派の律法学者ガマリエルの演説も当時の新教団にパリサイ派が敵意を持っていなかったことを暗示している。更にこれは大事な点だが、こうした圧迫にたいし、教団の使徒たちが身を守れたのも、彼等の考えがユダヤ教の枠外に出ず、とりわけエルサレムの神殿を尊重する態度を、終始、人々に示してきたためである。ペトロの慎重で柔軟な指導方針が成功したのだ。少なくともエルサレムのサドカイ派は他のことはいざ知らず、エルサレムの象徴であり誇りである神殿を侮辱しない限り手を出せなかったのだ。

だがひとつの宗教組織が結束の絆《きずな》を更に強くするのはいつも敵から圧迫を加えられる時である。「ナザレ人」たちの教団も、もし安穏にエルサレムに布教活動を続けていたならば、イエスの再臨をこの都で待つユダヤ教の一分派として終ったかもしれぬ。だが今、大祭司カヤパたち、サドカイ派の弾圧を受けたことが、この新教団のなかにかえって新しいエネルギイを作る原因になったと私は考える。衆議会が不当にも命じた「一切、イエスの名をもって語り、教うることなかれ」という禁止令はかえって「ナザレ人」たちにイエスの名を擁護し、イエスをより強く慕い、イエスをより高める動機になったと言えないだろうか。私はこの二つの弾圧事件以後に教団のなかでイエスにたいするイメージの変化が徐々に起きたと考える。

既にのべたようにそれまでの弟子たちのイエス論は師にたいする自分たちの裏切りとその後悔、その屈辱から生れたものである。自分たちの助命と引きかえに十字架で処刑されたイエスは弟子たちにとって彼等だけではなく、人間すべての罪を背負ってくれた愛の義人となった。更にその顕現という宗教体験とイエスにたいする深い思慕は彼等をしてその復活と再臨とを固く固く信じさせるに至った。

だがこの愛のイエスにたいするイメージは今、自分たちがサドカイ派と大祭司とから受けた圧迫によって萎縮《いしゅく》するどころか、逆に強まったのである。「一切、イエスの名をもって語り、教うることなかれ」と言われれば言われるほど、弟子たちをはじめとする新教団の信徒たちは改めて「イエスとは誰か」ということを自分に問いただきずにはいられなかったであろう。

言うなればこれがイエスが「救い主《メシヤ》」として信仰される最初の切掛けとなった。先にもふれたようにそれまでの彼等のイエスのイメージは必ずしもこの師を神格化するまでには至ってはいなかった。イエスは人間の罪をあがない、ふたたびこの地上に再臨するという人間をこえた存在として思慕されたが、イエスを神と同一視するまでにはなっていなかった。

だが今、この弾圧事件を契機として「ナザレ人」たちは大祭司やサドカイ派とひそかに戦おうと決意した。敵側がイエスを侮辱すればするほど、「ナザレ人」はあの人に栄誉を与え、高めていこうとした。敵側がイエスを黙殺しようとすればするほどイエスは彼等の信仰のなかで少しずつ、「愛の義人」から「救い主《メシヤ》」として昂揚《こうよう》されていった。文字通り愛の人であり、愛そのものだったイエスがその死後にも不当な扱いを受けることは弟子たちには耐えられなかったのである。そして人間の罪を背負って神と人間との和解をとりなしてくれたイエスを今、「救い主《メシヤ》」として信じようとしはじめたのだ。

最初、この救い主《メシヤ》の観念からイエスをダビデ王の血を引く生れだという考えが発生した。紀元前五八六年にユダヤ王国が亡びてから、ユダヤ人のなかには時としてかつてのダビデ王への思慕が高まる時があり、そのたびごとに自分たちを救うものはダビデの後裔《こうえい》にちがいないというふしぎな言い伝えがあったからである。それは旧約のなかにも「イスラエルの子らは……その神、主と、その王ダビデをたずね求め、終りの日におののいて主とその恵みに向う」（ホセア書、三ノ五）、「彼等はその神、主と、わたしが彼等のために立てるその王ダビデに仕える」（エレミア書、三十ノ九）というような言葉にもあらわれている。そして今日、マタイ福音書の冒頭で「アブラハムの裔《すえ》なるダビデの裔、イエス・キリストの系図」という長ったらしい系譜や、ルカ福音書の第三章でイエスの祖先がその父ヨゼフを通してダビデ王であるというような面倒臭い証明が書かれているのもそのためである。

イエスがダビデの裔であるかどうかは、我々日本人にとってはほとんど関心のないことだ。しかし当時の新教団がこの考えをイエス観にとり入れたのはあきらかにサドカイ派の大祭司の家系にたいする対抗意識が手伝っていた。またユダヤ人たちにイエスを「救い主《メシヤ》」として教えるための布教上の手段でもあったような気もする。更にイエスを直接知っている弟子やその血縁であるマリアや従兄弟たちがこの考えをどこまで本気にしたかも我々にはわからない。なぜなら家系よりも、もっと本質的なものをイエスのなかに見いだした弟子たちにはイエスが「ダビデの裔」であるか、否《いな》かというよりも、その復活と再臨とを強く強く信ずるほうがはるかに重大だったからである。

学者たちのなかにはこの「ダビデの裔」という観念に続いて、ふるい預言者たちの語った「人の子」のイメージが弟子たちによってイエスに与えられたと言う人もいる。「人の子」というのはそれだけで一論文をなすユダヤ教のメシヤ意識の一つであるが、それは旧約のエノク書やダニエル書にあらわれている天の王のイメージなのだ。

わたしはまた夜の幻のうちに見ていると
見よ、人の子のようなものが
天の雲に乗ってきて

日の老いたるものの許《もと》にくると
(私は)その前に導かれた
(神は)彼に主権と光栄と国とを賜《たま》い
諸民、諸族、諸国語の者を彼に仕えさせた
(ダニエル書、七ノ十三―十四)

「人の子」とはあきらかに神から遣わされた神の子であり、全世界を精神的に支配する天の王のイメージである。この「人の子」の伝承は使徒たちのほとんどの出身地であるガリラヤ地方に強く伝わっており、その意味で彼等がイエスに「人の子」のイメージを抱いたとしてもふしぎではない。ただ、その時期がこの弾圧事件の直後か、もっと後期のものであるかについては、我々はそれを明確にする資料をもたない。

しかし日本人である我々にとっては、縁遠く馴染《なじ》めぬこの「人の子」のイメージについて、一点注意しておかねばならぬことがある。今、引用したダニエル書では「人の子」は諸民、諸族、諸国語の者を支配する、超ユダヤ的な、国境、民族をこえた天の王として語られている点である。

だが幾度も指摘したように、この頃、芽ばえたばかりの教団の使徒たちはユダヤ教の枠内でイエスを語っていた。彼等の布教の対象はあくまでユダヤ人であり、ユダヤ人以外の異民族にはまったく関心がなかったのだ。

したがってこの「諸民、諸族、諸国語の者」をも支配する超国家的な「人の子」のイメージをこの時期はやくも教団がイエスに抱いたとするならば、その教団の中に自分たちの宗教をユダヤ教を超えたものにしようと考えだした者たちがいたことになる。しかしこの頃に、使徒たちはそこまで視野を拡《ひろ》げてはいなかった。それどころかこういう考えかたに反撥《はんぱつ》さえ持っていたのだ。

いずれにしろ、二つの弾圧事件のおかげで教団はイエスをたんなる愛の義人から、少しずつより高い「主」として崇めはじめた。イエスは愛の義人から神的なるものに一歩、前進したのである。イエスがキリストに高まる最初の段階がそこにあったのだ。この事を含みながら、この弾圧事件がもたらした今ひとつの波紋に注意せねばならぬ。それは教団のなかにはこの弾圧事件を契機として大祭司やサドカイ派の圧迫をはねかえす決心を持った過激な信徒たちもいたということである。この信徒たちはその時、大祭司やサドカイ派の精神的な拠《よ》りどころであるエルサレム「神殿」を無視しようとしはじめたのである。

エルサレムの神殿。今日でもこの聖都を訪れた旅人はケデロンの谷から、あるいはオリーブ山の麓《ふもと》から、旧エルサレム市を囲む褐色のハラム・エシュ・シェリフの城壁を仰ぎ見ることができる。そこには岩のモスクとよばれる八角形の神殿の屋根が強い陽にきらめいている。もちろん今日、旅人の見るのは紀元六九一年にイスラム帝国の皇帝、アブト・エル・メリクが建てた神殿を原型としているものなのだ。

神殿の中庭にたつと日本の旅人といえどもある感慨をおぼえざるをえない。神殿はもちろんイエスやその弟子が詣《もう》でたものではないにせよ、その城壁から俯瞰《ふかん》できる褐色の山々や荒野はイエスや弟子の時代とそう変ってはいない。思えばこの神殿をどれほど異民族たちが蹂躙《じゅうりん》したことだろう。イエスの死後の歴史をたどっても、ユダヤ人の反乱を殲滅《せんめつ》したローマ軍の手にまずこの神殿は占拠され、更にペルシャ人の手に移り、その後、イスラム帝国の出現によってユダヤ教徒から回教徒に奪われ、更に十字軍のエルサレム入城によって再度、キリスト教の聖地とも変り、また回教徒に奪い返されるという目まぐるしい変転を重ねているのだ。だがそうした蹂躙の歴史のなかでもユダヤ人はいつも神殿を自分たちのもっとも聖なる場所として崇めてきた。

言うまでもなくイエスや弟子たちが詣でた頃の神殿は今日のものよりも、もっと壮大で豪華だった。それはヘロデ大王が四十六年もかかって（ヨハネ、二ノ二十）造ったものである。最近の発掘のおかげで我々も当時の城壁を現城壁の下層や、いわゆる「歎《なげ》きの壁」とよばれる外側の露出部分に見ることができるが、それは「師よ、何というみごとな石、立派な建物でしょう」とイエスの弟子が叫んだ（マルコ、十三ノ一）あの驚歎《きょうたん》の言葉を思いださせるほど壮大な石組みで作られている。

当時の神殿は千三百八十米《メートル》四方の境内と八つの門と広い二つの中庭とを持っていた。周囲には柱廊がつくられ、そこには商人や両替屋が店をはっていた（ヨハネ、二ノ十四―十六）。中庭の真中にそびえる神殿は石づくりだったが、金で覆《おお》われ、とりわけ、その屋根には純金の尖塔《せんとう》があってエルサレムの驚異の一つだったという。

「神殿はほとんど千年以上にわたって、神《ヤハウェ》がその民族の中心に存在することを示す、精神的、宗教的な永遠の故郷だった」（アンドレ・パロ）。それはエルサレムのユダヤ教徒にとってその所属する宗派の別なく尊敬と礼拝の聖所だった。毎年の過越祭にはユダヤ各地から巡礼の客が群れをなしてエルサレムに集まり、生贄《いけにえ》の羊を祭壇に捧《ささ》げ、失われたユダヤの恢復《かいふく》を神に祈り、自分たちを救うメシヤの出現を待った。神殿はユダヤ教徒の生命であり、肉であり、血だった。

くりかえすが、ユダヤ教の枠内にとどまっていた最初の原始キリスト教団の人々もこの神殿を敬う気持には変りなかった。彼等がパリサイ派の信徒たちの好意をえたのも、この神殿にたえず詣でていたためだった。サドカイ派の貴族祭司や大祭司カヤパの一族が原始キリスト教団に圧迫以上の迫害を加えられなかったのも、使徒やそのグループがこの神殿を軽視しているという証拠を見つけられなかったからである。つまり神殿を尊重していることが、原始キリスト教団を圧迫者の手から守り、そして庶民たちのなかに支持者をふやす手がかりともなったと言っていい。その意味で熱心な神殿尊重者のヤコブの存在は意味があり、教団指導者ペトロの考えは実を結んだのである。

だがイエスのイメージが初期の人間的な次元から少しずつ神格化されていくにつれ、神殿とイエスとの関係が原始キリスト教団の人々の心のなかで微妙なものとなってきた。とりわけ、彼等を圧迫しているサドカイ派がその神殿の管理を支配し、大祭司カヤパが神殿の実権を握っているだけに、新教団の信徒のなかには、あらためて神殿の意味を問いなおす者が出てきたとしてもふしぎではない。はじめはひそかに、しかし次第にその声が大きくなっていった。エルサレム神殿には一体、絶対的な価値があるのか。なぜゆるがすことのできぬ権威があるのか。そう、このグループは考えはじめたのである。

これはあきらかにサドカイ派にたいする挑戦でもあった。なぜならサドカイ派こそ、神殿を支配している宗派だからである。だが公然たる挑戦は場合によっては、ようやく歩きだしたばかりの新教団の運命を危うくするのである。神殿を軽視することはサドカイ派だけでなく、それまで自分たちに好意を寄せていたパリサイ派さえも敵にまわすことだったからである。サドカイ派もパリサイ派もエッセネ派もユダヤ教徒たちは神殿を冒瀆《ぼうとく》する者にたいしては結束して許しはしない。

原始キリスト教団の内部で起りはじめた神殿軽視論者の声に、保守的な使徒たちがどういう態度をみせたかは使徒行伝はふれていない。だがそれが教団の今後の運命に危険をもたらす声だっただけに反対する者もあった筈《はず》だ。いずれにせよペトロの指導のもとに纏《まとま》っていた教団に最初の分裂の兆《きざ》しが見えたのはこの時である。

この最初の分裂の兆しを使徒行伝は実にひかえめで間接的な形で書いている。それは「弟子の数がふえてくるにつれて、ギリシャ語を話すユダヤ人たちからヘブライ語を話すユダヤ人たちにたいして、自分たちのやもめらが、日々の配給でおろそかにされがちだと苦情を申したてた」という一節である（使徒行伝、六ノ一）。そして使徒たちは両派の争いを裁定して自分たちが「もっぱら祈りと御言葉の御用にあたる」ことができるために、「食卓のことに携わる」七人を選抜することにした。それはいわば今日の修道院で精神面の仕事をする神父《ファーザー》と修道院のさまざまな日常雑務を行う修道士《ブラザー》とを分けるのに似ていたのである。そして選抜された七人はステファノ、ピリポ、プロコロ、ニカノル、チモン、パルメナ、そしてニコラというずれもギリシャ名をもち、ギリシャ語を話すユダヤ人信者だったと行伝は伝えている。

だが外見はたんなる食物配給の苦情として書かれている「ギリシャ語を話すユダヤ人」（ヘレニスト）と「ヘブライ語を話すユダヤ人」（ヘブル人）との小さな論争は行伝に書かれているほど単純なものではなかった。それは背後にユダヤ教の枠内にとどまってエルサレム神殿を重視しようとする教団内の保守派と神殿の価値を軽視しようとする革新派との対立と分裂とをひめていたのである。

だが「ギリシャ語を話すユダヤ人」とは一体何だろう。それは一度はこのイスラエルの地から離れて外国に移住したユダヤ移民、もしくはその子孫のことである。古くはアッシリヤ、新バビロニヤ、ペルシャ、マケドニヤの諸国に支配され、そしてローマ帝国に占領されているユダヤでは、多くのユダヤ人が「さまよえるユダヤ人」として国外を放浪せねばならなかったことは誰でも知っている。先にキプロス島出身の下級祭司のバルナバがその畠《はたけ》を売って教団に寄附したことをのべたが、そのようなギリシャ地域内に移住し、ふたたび故国に戻ったユダヤ人たちは当時、五万人ほどいたと言われている。

彼等は異国にあっても決してユダヤ教徒であることをやめなかった。今日でも米国やヨーロッパに在住しているイスラエル人がユダヤ教の会堂《シナゴーグ》を持ち、ユダヤ教の祭りを祝い、服装に至るまでユダヤ人の風習を捨てない様子を我々はよく見るが、当時も現在以上にこれらユダヤ移民たちはユダヤ人であることをやめなかったのだ。彼等はディアスポラと呼ばれたが、その名称がいつ頃から始まったのかわからない。

初期の教団に、このディアスポラがかなり加わったことは我々の興味をそそる。私には彼等のなかにはイエスの生存中、その話に耳かたむけた者もかなりいると思われる。また、あたらしく参加した者もいたであろう。この連中が弟子たちの説くイエスの話に耳かたむけたのはなぜだろうか。彼等は他のユダヤ人に負けない熱心なユダヤ教徒ではあったが、やはり移住したギリシャからは何らかの影響を受けた筈である。彼等はギリシャを知ったがゆえに、祖先伝来の非寛容できびしいユダヤ教にたいして距離感を持ったとしてもふしぎではない。砂漠から生れたユダヤ教の怒りの神、裁きの神――つまり「父の宗教」にはやさしい陽光に恵まれたギリシャの風土に馴染んだ彼等としてやはり従《つ》いていけなかったものもあったと思われる。

イエスの説いた愛の神、許しの神のイメージはこのユダヤ教の非寛容なきびしい神ヤハウェのイメージを覆《くつがえ》すものだった。ギリシャ語を話すユダヤ人たち――つまりギリシャ圏内からふたたびユダヤに戻りエルサレムに居住するディアスポラたちがこの教えに心ひかれたのは当然であろう。原始キリスト教団のなかにこのディアスポラがひとつの派閥をつくるほど加入したのは、おそらく、そのためだったろうと私は考える。

教団のなかでそんな彼等も使徒たちの権威をみとめ、その指導に従ってはいた。使徒たちはイエス自身の直弟子だったからである。だが彼等が次第に発言権を持つほどの人数になっていくと使徒たちはこのディアスポラのグループを黙殺することができなくなった。それはさきほどの食物の配給問題についてもよくわかる。

使徒たちはこれらギリシャ語を話すユダヤ人たちのグループから七人をえらび、日常雑務の専任にしたが、これら七人は使徒たちと同じように布教の仕事にもたずさわるほど、教団のなかで勢力を持っていた。

彼等は神殿を重視しようとするペトロ、ヤコブの考えに不満を抱きはじめていた。長い間、外国に移住し、過越祭にもエルサレムに巡礼することのできぬ父祖を持った彼等がエルサレム神殿をそれほど評価する気持になれなかったのも当然だった。彼等はむしろエルサレムの神殿を崇《あが》めすぎるのはユダヤ教徒としても堕落だと考えていた。そしてまた自分たちの信ずるイエスが必ずしも神殿を重視せず、衆議会から神殿冒瀆者として裁判されたことを考え、使徒たちはその点、イエスの教えを継承していないとさえ思いはじめてきた。

おそらく教団のなかでこのグループ（ヘレニスト）と使徒たち（ヘブル人）との間ではこの神殿問題について論争があった筈である。使徒行伝はそれを露骨には出さず、食物配給の苦情として間接的にぼかして記述しているが、このことは当然推理できるのだ。

だがこの分裂は表面に出れば教団の運命にもかかわることになる。神殿を軽視すればサドカイ派は勿論《もちろん》、パリサイ派やその他の派に属するユダヤ人もこの点だけは絶対に許さないからである。ペトロは深く心配したにちがいない。彼の憂慮にかかわらず、教団内のディアスポラのグループではステファノという男がもっとも過激論者となっていた。

第五章　強きステファノ、弱きペトロ

はっきり言って、このステファノという名は日本でも日本の教会でもあまり重要視されていない。使徒ペトロやポーロの名声にくらべ、この人物は影がうすい。だが使徒行伝を読んだ者は、このステファノが原始キリスト教団の発展のために果したあまりに大きな役割を決して軽視できぬ筈《はず》である。それまでエルサレムのなかで対立者であるサドカイ派に怯《おび》えつつ、ほそぼそと宣教していた使徒たちを彼は根底からゆさぶった男なのである。

しかしこのステファノの経歴も年齢も過去の職業もまったく、わからない。いつ頃から「ナザレ人《びと》」のグループに加わったのかも不明である。その上、ステファノについてのただ一つの資料である使徒行伝も、いつものことながら彼について有りの儘《まま》に書いているとは思えない。けれどもそうした霧を通してみえるような彼の曖昧《あいまい》な影を原始キリスト教団のなかから消すことは絶対にできないのである。

私たちがステファノについて知る最初の手掛りは、彼が前章でのべた「ギリシャ語を話すユダヤ人たち」(ディアスポラ)の一人だったことである。しかも彼がそのグループのなかではかなりの力を持っていたということである。

「ナザレ人」の教団にかなり早い時期に参加したこれら「ギリシャ語を話すユダヤ人たち」ははじめのころたいした力も持たなかったであろう。しかしその人数がふえるにつれ、彼等の発言権が次第にましていったことは既に書いた通りだ。ペトロをはじめとする弟子たちがそのなかから七人を選び、神父《ファーザー》にたいする修道士《ブラザー》のような資格を与えたのも、その力を無視できなくなったからであろう。

ユダヤの土臭い使徒たちと違って、ユダヤ以外の国を知っている彼等は古い皮袋から古い酒を飲んでいる使徒グループに飽き足らなかった。彼等はペトロをはじめとする使徒グループが相変らずユダヤ教徒と同じ生活を行っていることにも不満だった。彼等の眼から見ると、使徒たちはイエスを語ってはいたが、必ずしも生前のイエスの精神をその実生活のなかで生かしているとは言えなかった。

言うまでもなく、生前のイエスはユダヤ教徒としても恥ずかしからぬ日常生活を守ったが、心こもらぬ宗教規範や、義務だけのための宗教生活を重視はしなかった。イエスはそうした形骸《けいがい》化したものよりも、人間の哀《かな》しみと愛とだけに最も価値をおいた。

「人が安息日のためにあるのではない。安息日は人のためにあるのだ」という言葉や「人の作った神殿の代りに、私は三日のうちに別の神殿を建てるだろう」という発言は、彼がユダヤ教徒が何よりも大事にした律法やエルサレム神殿を人間の哀しみや愛よりも問題にしなかったことを示している。

　にもかかわらず、初期の使徒たちはイエスを次第に人間以上の主《キリオス》として崇《あが》めながらも、相変らず律法や神殿を重視する生活を続けている。イエスの従兄弟《いとこ》ヤコブは敬《けい》虔《けん》なユダヤ教徒だったからこれらの二つを冒瀆《ぼうとく》するなど夢にも考えなかったろうし、慎重なペトロはペトロで、イエスの精神を知っていながら、表向き、神殿と律法とを尊重する態度をみせていた。ペトロはイエスがサドカイ派や民衆から糾弾された最大の理由が、律法と神殿とを軽視したためだと、よく知っていたからである。師を主として尊びながら、師と同じ轍《てつ》を踏むのを避ける――それが初期のペトロの姿勢である。

　ステファノを中心とする「ギリシャ語を話すユダヤ人たち」がこうした使徒たちに不満を持ったとしてもふしぎではない。彼等の眼にはペトロをはじめとする使徒たちは、臆病《おくびょう》で、勇気のない集まりに見えたのだ。ステファノたちはイエスをユダヤ教のすばらしい改革者だと考えていた。イエスはエルサレム神殿も律法も愛よりは低いことをその人生を賭《か》けて教えたからである。そのイエスの改革の精神は使徒たちに受け継がれていない。使徒たちはただサドカイ派の圧迫を怖《おそ》れながら教団の維持に汲々《きゅうきゅう》としている。更にまたこの「ギリシャ語を話すユダヤ人たち」はかつて異邦人——つまりユダヤ教徒ならぬ外国人とも多く接触していたから、使徒たちのように閉鎖的ではなかった。異邦人たちが同じ信仰を持つことにも寛大な気持をもっていた。しかしこの時期の使徒たちはユダヤ教の枠のなかで異邦人を仲間にしようとは夢にも考えていなかった。ステファノたちの不満はおそらく、この二点にあったと思われる。

保守派と革新派、慎重を説く古い使徒たちと大胆な行動を迫る新しい信徒たち。いかなる組織にも見られるこの対立が原始キリスト教団にも起った。おそらく両派は討論に討論を重ねたであろう。ペトロはおそらく両派の分裂を苦慮し、その調停に努力したものと思われる。

使徒行伝は事実をかくしているが、私は前後の関係から、この二つの派がある日、遂《つい》に袂《たもと》を分ったと推定している。理由はあとで書くが、それまで共同生活を行っていた両派は別々に住み、従来は教団にあって生活面の仕事のみを担当していたステファノたちも独立して布教の仕事にもたずさわるようになった(使徒行伝、六ノ七以下)。一方では使徒グループは依然としてエルサレム神殿に詣《もう》で、そこに集まるユダヤ人に説教をしていたが、神殿を無視するステファノ・グループは自分たちと同じような

「ギリシャ語を話す」者の会堂《シナゴーグ》で布教したのである（使徒行伝、六ノ九）。「ギリシャ語を話すユダヤ人たち」はリベルテンとよばれ独自の伝統、独特の祭式を基盤にした組織を持っていて、それは別にユダヤ教では例外的なことではなかった。いずれにしろステファノたちはクレネ人《びと》、アレキサンドリア人《びと》、シシリアと小アジアの出身者が集まる会堂《シナゴーグ》に出かけては宗教論争を行いはじめたのである。

慎重なペトロは勿論《もちろん》、この分裂を好まなかったであろう。できるならば教団の統一のために避けたいと考えたであろう。しかし一方では彼の心に神殿や律法を無視するステファノたちの考え方に人々がどう反応するか、見たいという気持があったにちがいない。師イエスの精神を知っている彼はいずれは自分たちも神殿と律法とに対決せねばならぬとは思っていたが、しかし、勇気のなさがペトロを足ぶみさせていたのである。慎重は時に勇気のなさを意味する。この時期のペトロの心理を想像すると我々はそこに矛盾を感じざるをえない。

彼には生れたばかりの組織の指導者として多くのユダヤ人を刺激するような冒険を避けたいという気持があった。しかし神殿や律法よりも愛を高くみた師イエスの考えを誰よりも知っているのも他ならぬペトロ自身だった。そんな彼にはステファノたちの過激ではあるが純粋な意志を否定することはできない。そこにペトロの弱さがあり、その弱さを彼は充分、意識していただろう。

　ペトロのそうした悩みをよそに、ステファノ・グループは使徒たちと分れると、独立した行動をとりはじめた。とりわけステファノはペトロのような妥協を自分に許すことができなかった。だから「ギリシャ語を話すユダヤ人たち」の会堂でステファノは、臆せず、ひるまず、エルサレムの神殿を否定する発言を行った。使徒行伝はその一章を特にさいてステファノの考え方の概略を我々に伝えている。

　勿論それはステファノの演説のまま、というよりは、後の原始キリスト教団の考えも反映していると考えてよいが、そこには、はっきりとこの勇敢な男の精神は残っている。

「ソロモンは神の家（神殿）を建てたり。されど、いと高き者は、手にて造れる所に住み給《たま》う者に非《あら》ず」とステファノは叫ぶ。「すなわち『主、曰《のたまわ》く。天は我が座なり。地は我が足台なり。汝《なんじ》等、いかなる家を我に造らん。我が息《やす》む所は何処《いずこ》なるか。是皆《これみな》、我が手の造りたるものならずや』と預言者の云《い》えるがごとし」

　これはあきらかにエルサレム神殿を否定する言葉だった。エルサレム神殿を拝むことは偶像崇拝にほかならぬ。神殿などは「手にて造れる所」にすぎぬ。なぜなら、昔、神は一人の預言者の口を通して自分の在るところは神殿などではないと語り給うたではないか、とステファノは叫んだのである。

旧約のイザヤ書を読んだ者は、このステファノが引用した預言はイザヤ書六十六章に書かれたものだと気がつく。そして、このイザヤ書に記された神殿否定の観念ももともとサムエル記のナタンの預言から受け継がれたものである。

「ダビデ王がペリシテ人と戦って大勝を博した時、神は預言者ナタンを通して、自分は今日までイスラエル人の幕屋に住んできた、今更、香柏の家は必要ではない、と仰《おお》せになった」。このナタンの預言からイザヤ書の言葉を通して、本当の神殿とはエルサレムのそれのように金づくりの壮大な建物ではない、かつてダビデに率いられたイスラエル人の遊牧の祖先たちがその幕屋のなかで神を心から礼拝していた精神こそ、もっと純粋な神殿ではないかとステファノは言ったのだ。それなのにあなたたちエルサレムのユダヤ人は壮大な神殿を建て、そこを神の住処《すみか》と勝手に信じている。しかし神は決して人間の「手にて造れる所」には住まないのだと主張したのである。

ステファノは更にエルサレム神殿を礼拝するようなユダヤ人がいかに神の意志に背き、堕落していったかを、ひとつ、ひとつ、ひとつとイスラエルの歴史をあげて語った。その腐敗の心が神からつかわされた義人イエスを「売り、かつ、殺したのだ」と結論も出した。

会堂に集まっていたユダヤ人たちは激昂《げっこう》した。彼等は必ずしもステファノの糾弾するユダヤ教の堕落について怒ったのではない。当時、ローマと妥協しているサドカイ派のありかたに不満を持つユダヤ教徒は、かなりいたからである。人々が耐えられなかったのは、ステファノの露骨な神殿と律法の否定である。自分たちの最も崇めている神殿を冒瀆する言葉だけは彼等にはどうしても許せなかったのだ。興奮した人々は「一斉に飛びかかりて、之《これ》を捕え」（使徒行伝、六ノ十二）ステファノを衆議会に引きたてていった。

ただちに緊急裁判が開かれた。証人たちはステファノが神殿と律法を否定する言葉を吐いたと証言した。だが発言を許されたステファノはあくまで自分の意見をひるがえさない。人々の怒りは頂点に達した。ステファノはその直後、殺されるのだが、衆議会がこの処刑を決定したのか、それとも人々が彼に私刑《リンチ》を加えたのかはわからない。それはイエスの十字架刑の場合についても論議されるように、当時、ローマによって支配されていたユダヤ衆議会に死刑執行権があったか、どうか、いまだにはっきりした結論が出ないからである。ステファノの処刑が石打ちの刑だったという点からみて、衆議会は死刑を宣告はしなかったが、激昂した群衆のリンチに眼をつぶっていたとも考えられる。

いずれにせよ、群衆はステファノを囲んでエルサレム市の城壁の外に連れていった。石打ちの刑にするためである。この時、一人の「青年の足もとに証人たちが自分の上《うわ》衣《ぎ》をおいた」と使徒行伝はのべている。当時ユダヤの慣習によると、証人たちは自分たちの証言を認めた者にその衣服をあずけたのである。迫害者側に加わったこの青年ソウロこそ後の聖ポーロであり、彼はステファノの死刑に進んで賛成した一人だった。

「斯《か》く彼等が石を擲《なげう》つ程に、ステファノ祈り入りて言いけるは、主イエス、我が魂を受け給えと。また跪《ひざまず》きつつ声高く呼ばわりて言いけるは、主よ、この罪を彼等に負わせ給うこと勿《なか》れと。斯く言い終りて眠りける」（使徒行伝、七ノ五十九―六十）

これが使徒行伝の描写しているステファノ最後の光景である。だがこの最後の光景はこの行伝の作者であるルカがあの「ルカ福音書」で描いたイエス臨終の場面となんと似ていることだろう。たとえば「イエス、声高く呼ばわりて、主よ、わが魂をみ手に委《ゆだ》ねたてまつる、と曰《のたま》い」（ルカ、二十三ノ四十六）という描写はステファノの「主イエス、我が魂を受け給え」という言葉と同じだし、「斯くてイエスは、主よ、彼等は為《な》す所を知らざる者なれば、之を許したまえと曰い」（ルカ、二十三ノ三十四）は死のステファノが「主よ、この罪を彼等に負わせ給うこと勿れ」と洩《も》らす言葉とまったく同一なのだ。

このようにルカはあきらかにステファノの死をイエスの死になぞって描いているのだ。そう言えば、イエスが裁判を受けて、エルサレム城壁の外にあるゴルゴタで殺されたように、ステファノもまた不当な裁判の後に、エルサレム城外に連れだされ石打ちの刑を受ける場面の展開もそっくりである。

これは作者ルカの背後にあった後の原始キリスト教団にステファノの死をイエスの死と比較せざるをえない秘密のあったことを示している。行伝の六章、七章はすべてこのステファノの行動と死とに頁《ページ》をさいているが、そこに見られる第一の特徴はこの過激な殉教者にたいする美化である。「斯くて衆議会に列座せる人、ステファノを見れば、その顔、あたかも天使のごとくなりき」というような筆づかいがその例である。

もう一つの特徴はステファノがイエスと同じように生贄《いけにえ》として考えられている点である。今日、エルサレムを訪れる者は、オリーブ山に面し、神殿に近い一つの城門でステファノが殺されたのだという伝承を聞かされるが、この城門は「羊の門」と人々に呼ばれている。羊はユダヤ教の過越祭に神殿の祭壇に捧《ささ》げられる生贄の動物である。ユダヤ人たちは自分たちの罪を背負って死ぬこの動物を連れて、羊の門をくぐり、神殿の広場に入っていく。

使徒行伝はステファノの処刑場所をエルサレムの外と書いているだけなのに、伝承がいつの間にか、この羊の門のあたりを彼の殉教の場所ときめたのは、彼を羊のような「生贄の人」と考えたからに他ならない。

だが何故《なぜ》、ステファノは後の原始キリスト教団からこのように美化され、生贄の人と思われたのか。客観的にみると、ステファノはペトロたち使徒グループの考え方に反抗した反対派の男である。「ナザレ人」の教団から離脱して分派行動を起した「ギリシャ語を話すユダヤ人たち」の代表者である。分派行動を行った者がなぜ美化され、なぜ「生贄の人」と思われるようになったのか。ここにステファノについて我々が抱く根本的な疑問がある。

疑問を念頭において使徒行伝の八章をふたたび読むと、我々にはこれを書いたルカが露《あらわ》には言いえなかった秘密がおぼろげながらわかってくる。使徒行伝の作者ルカはその秘密を明らかにすることはできぬ立場にいながら、しかし記録者の良心を守るため、それを暗示する一行を書いたからである。

その秘密の鍵《かぎ》は「その日（ステファノが殺された日）エルサレムの教会にたいし、大いなる迫害起り、使徒たちの外は皆ユダヤ及び、サマリヤの各地方に離散せしが、敬虔なる人々、ステファノを葬《ほうむ》り、彼のために大いなる弔《とむらい》をなせり」（使徒行伝、八ノ一―二）という傍点の箇所である。

ここに書かれているようにステファノを石打ちで虐殺《ぎゃくさつ》したあと、激昂した群衆は更にエルサレムの町に住むステファノ・グループの信者たちに襲いかかった。ペトロが怖れていた事態が発生したのだ。群衆のなかに後の聖ポーロであるソウロもまじっていた。彼等は「家々に入りて男女を引きだし、これを（牢獄《ろうごく》に）付《わた》して拘留させ」（使徒行伝、八ノ三）とりわけソウロは「脅迫、殺害の毒気を吐きつつ」（使徒行伝、九ノ一）逃亡するキリスト教徒を男女の別なく縛ってエルサレムに引き戻すことまで実行したのである。

だが使徒行伝はこのすさまじい迫害のなかで驚くべきことを書いている。それは、家々にまで押し入って男女を引き出すほど興奮した群衆が、肝心のイエスの弟子にたいしてはまったく眼をつぶり手を出さなかったことだ。イエスの弟子たちはステファノと同じキリスト教徒でありながら、このエルサレムの集団テロから免れているのである。

もちろんそれは理由のないことではない。ステファノたちはエルサレムのユダヤ人の最も崇める神殿を侮辱し、これを否定するという罪を犯したが、ペトロをはじめとする使徒たちは神殿を重んじ、神殿に詣でるグループだった。群衆はこの両派のちがいを知っていて、前者たちだけをテロの対象にしたとも考えられる。私は先にこの両派はたがいに別々に住むほど分裂したとのべたが、それはもしそうでなければ、使徒グループも群衆に襲われたにちがいないからだ。

だが、ふしぎなことに行伝はイエスの処刑の日と同じようにこの迫害の起った日のペトロたちの行動には一言もふれていない。この間までは生活と祈りとを共にした教団の兄弟たちが次々と引きたてられていく間、イエスの弟子たちは一体、どこで、何をしていたのだろう。戸を閉ざし、息をひそませ、累《るい》が自分たちに及ばぬよう怯《おび》えながら匿《かく》れていたのだろうか。行伝はその点、まったく沈黙を守っているのである。

敬虔《けいけん》なユダヤ教徒でもあったイエスの従兄弟《いとこ》、ヤコブは別として、ペトロのような男から見ればステファノはたしかに過激ではあるが、その考え方は決して師イエスのそれに背反するのではなかった。神殿よりも愛を高しとしたイエスに倣《なら》ってステファノは神殿絶対主義を痛烈に批判したのである。ある意味でステファノのほうがペトロや使徒たちよりもイエスの精神を受け継いだと言えるのだ。そのことはペトロたちも認めざるをえなかっただろう。

だがペトロは組織の指導者として、ステファノと同じ発言を人々にする勇気がなかった。師イエスがそのために殺されたように、一度、神殿を批判する発言を口にすればサドカイ派の祭司は勿論、自分たちに好意を持っているパリサイ派の連中までが敵対者となるのは明らかである。ステファノ・グループと分れねばならなかったペトロの悩みはそこにあった。

　そのステファノが今、殺された。ペトロたちはそれを止めることはできなかった。この間まで兄弟と呼んだ信徒たちが、家々から引きずり出され、次々と牢獄に入れられている。だが使徒たちは彼等を助けることもできず、見殺しにしたのである。つまりこの迫害の日、ペトロや使徒たちは、ふたたび、あのイエス処刑の暑い日と同じように、勇気のない、卑怯《ひきょう》な弱虫に戻ったのである。

　そう、彼等はあの暑い長い日のようにこの日も臆病《おくびょう》だった。かつて師の処刑当日かみしめた屈辱、自己嫌悪《けんお》、心の呵責《かしゃく》――それと同じものをステファノの死やエルサレム市中でのリンチの報告が入るたびに彼等がふたたび味わわなかったと、どうして言えよう。イエスが殺された日、彼等は自分たちの弱さを痛切に自覚したが、ステファノが殺された日、彼等は過去と比べあわせて自分たちがまだ変っていないことに気づいたのである。

　こうした心理をもちろん使徒行伝は一言ものべてはおらぬ。だが行伝の作者ルカはその代りにステファノ事件の描写をイエス処刑の描写と同じ形式にすることによって、ペトロや使徒たちの弱さと苦しみを我々に暗示しているのである。ルカ福音書の受難物語の頁をひらき、そしてこの使徒行伝のステファノ事件を読みくらべると、この暗示は、はっきりとわかる。

行伝はステファノがイエスと同じように一団の群衆に捕えられたと書いている。ステファノはイエスと同じように衆議会の緊急会議に引きずり出され、祭司、律法学者の裁きを受ける。ステファノはイエスと同じように偽《にせ》証人の証言によって有罪と判定される。そしてイエスと同じようにエルサレムの城外で殺される。

イエスの死体はアリマタヤのヨゼフという善人によって、そっと墓に埋められるが、ステファノも同じように敬虔な人々の手で葬られる。そしてこのイエスとステファノの臨終の言葉は「主イエス、我が魂を受け給《たま》え。この罪を彼等に負わせ給うこと勿れ」というほとばしるような信頼と愛との言葉である。

あまりに相似たこの描写と構成、作者ルカは無意識でそう書いたのではない。彼と原始キリスト教団にはこの構成と描写をせざるをえない気持があったのだ。ルカはそう書くことで、ペトロと使徒たちのその日の恥ずかしさ、弱さを皆にそっと伝えたかったのだ。ステファノ事件の経緯報告は必ずしも事実通りでないにせよ、ペトロや使徒たちがかつて師イエスを見棄《みす》てたように、ステファノたちを見殺しにしたという点だけは確実に事実である。使徒たちだけが追及と迫害を免れたことを作者ルカは重い意味をこめて我々に語っているのだ。

こうしてイエスが彼を裏切った弟子たちから高められたように、ステファノも彼を見棄てたペトロや使徒たちから美化されていった。ステファノが「天使のような顔で」と行伝に書かれている背後には、彼を殺すにまかせた者たちの恥ずかしさと痛恨がある。イエスが弟子たちにとって自分たちの罪の生贄の人だったように、ステファノもまた原始キリスト教団にとって臆病だった自分たちの生贄の兄弟となっていった。伝承がその死場所を「羊の門」にしたのはたしかに、そのためである。

だから行伝の七章、八章の目的はステファノ事件をありのまま報告することではない。行伝はむしろ弱かった弟子たちがイエスの死後さえも、ふたたび同じ人間的な悲しみを嚙《か》みしめねばならなかったこと、人間は死ぬまで自分たちの弱さに躓《つまず》くことを語りたかったのだ。ペトロたち使徒がやがて弱虫から強き者になるまで、どんな過《あやま》ちを犯したかを、行伝は控え目に暗示的に伝えているのだ。ステファノ事件を読むたび、イエスの死後、再起した弟子たちが勇気と信仰に終始みちみちていたと思いがちな我々は、彼等もまた人間的な弱さに終始苦しんだことを知り、どれほど慰められるだろう。使徒たちが文字通りその名に価《あたい》するまで、我々と同じようにとぼとぼと歩んでいたということは、我々にどんなに希望を与えてくれるだろう。イエスを眼で見、その顕現を体験した旧弟子たちでさえそうだったのだ。彼等がイエスの死後、一挙に「強き人」になり変ったと思うような錯誤をこの行伝のステファノ事件は根本から変えてくれる。鶏が三度なく時ペトロは弱虫だったが、彼の弱さはその後もまた続いたのである。

群衆のテロを逃れてエルサレムから逃げた信者たちは幾つかの街道を使ってエルサレム南方のユダヤ地方と北方サマリヤ地方に離散していった。衆議会の連絡委員となったソウロはこれら逃亡するキリスト教信者たちを追跡し、街道で捕縛してはエルサレムに連れ戻った(使徒行伝、九ノ二)。

信者たちがエルサレム南方のユダヤ地方と北方のサマリヤ地方を避難の場所に選んだのは無理もない。エルサレムの南には荒涼たる死海を中心にユダの荒野とよばれる曠野《こうや》が拡《ひろ》がっている。そこにはエルサレムの主流派を良く思わぬエッセネ派のクムラン修院がある。洗者ヨハネは既に死んだがその弟子たちのグループがまだ残っている。

一方、エルサレムの北にあるサマリヤ地方の住民は同じユダヤ教の神を信じながら七百年近くの間、この聖都とほとんど接触せず、「サマリヤ教」とよばれる独得の宗教——つまり旧約のうちモーゼ五書だけを経典とする宗教を信じ、エルサレム神殿を礼拝することを拒否していたのである。エルサレムのユダヤ人はこのサマリヤ人《びと》を軽《けい》蔑《べつ》し、一方サマリヤ人もエルサレムのユダヤ人に反抗的な態度を示していた。

聖都を追われた信徒たちはそこに避難の地をみつけると、少しずつ、「神の御言葉の福音をのべつたえた」（使徒行伝、八ノ四）。サマリヤの住民はエルサレムのユダヤ教を嫌ってはいたが、しかしこれら移住者が自分たちと同じようにあの神殿を否定したために追放されたのだと知って、その居住を許したのであろう。

移住した信者たちのうち、まずピリポとよぶ男が、そこに住むユダヤ人たちを対象に布教をはじめた。ピリポは弟子グループの一人のピリポと混同されやすいが同名異人であって、ステファノ・グループの有力な一員だった男である。おそらく、ここにも「ギリシャ語を話すユダヤ人たち」が住み、その会堂があったのだろう。その連中を相手にピリポたちの最初のサマリヤ布教が始められたものと思われる。

こうして、それまでエルサレムという小さな世界で行われていた教団活動がステファノ事件によって、思いがけなくこの地方にまで拡がることになった。それは使徒たちの布教計画から生じたものではなく、偶発的な展開によって起ったものである。しかし、結果的には狭いエルサレムに閉じこめられたイエスの福音は外に向って拡がるようになったのだ。もちろん布教はこの時期、あくまでユダヤ人だけを対象にして行われ、異邦人に神の教えを説くことはなかった。しかし民族を超え、国境を超えて展開するキリスト教布教の最初の種が、このステファノ事件によって生れたのだと言えないことはない。

エルサレムに残留した使徒グループの耳にはこれら離散した信者たちの情報は伝わってきたであろう。自分たちが見棄てたステファノ・グループがサマリヤで布教している事実はエルサレムに残った使徒グループにとって決して損な話ではなかった。後年ヨハネ福音書はこの間の事情を、サマリヤに旅したイエスの口を借りて「あなたがたは、ほかの人の労苦の実にあずかっている」(ヨハネ、四ノ三十八) と書いている。この言葉はイエス自身の言葉ではなく、ステファノ事件で追放された信徒たちの労苦のおかげで、使徒グループがいかに得をしたかをあらわしているのである。

ステファノの名とその殉教とは最初のキリスト教団にたいして、このような深い影響をもたらした。事件は教団の安全と維持に汲々《きゅうきゅう》とするあまり臆病だった使徒グループに衝撃を与えた。彼等はあらためて自分たちの弱さと卑怯な性格を味わわせられた。その意味でステファノの死は決して無駄ではなかった。その死は教団をして、まず神殿礼拝から離れさせ、神殿よりもイエスを選ぶという態度をとらしめた。ステファノの殉教は使徒グループをも少しずつ神殿礼拝から離れさせていったからである。サマリヤ地方に離散した信者たちもまた、この傾向を歓迎した。彼等もまた、自分たちの結束と布教の権威の拠《よ》りどころをイエスの古い弟子たちに求める必要があったからだ。

使徒グループも相談の上、ペトロとヨハネとを代表者に選び、サマリヤ地方に派遣することにした。ペトロがその代表者になったのは彼が使徒グループの指導者であったためであろうが、それ以上に彼はあの日、自分たちが見棄てたこれら信者に償いをしたいという自責の念があったからにちがいない。なぜならその後の彼の行動をみるとこれら離散した信者グループの考えにできるだけ接近しようとしているからである。ステファノ事件はたしかにペトロに深い影響と心の変化を与えたようだ。

ペトロやヨハネがサマリヤ地方に来ると、それまで離散グループの代表者だったピリポはガザ地方に向い、アゾトや地中海に面した町々をめぐって布教しはじめた。彼はそこで偶然めぐりあったエチオピア人を改宗させたと行伝は伝えている。更にサマリヤ地方の離散信徒だけでなく、フェニキヤ、キプロス、シリヤのアンティオケに逃げた信者のうち、数人のキプロス出身の者とクレタ島出身の者が、ギリシャ人たちにも布教を始めたとものべている。

それまでユダヤ人だけを相手にしていたキリスト教はこの時、はじめてユダヤ人以外の異邦人にも浸透しはじめた。異邦人は信者たちをキリシタンとよんだ。キリスト者という名称が生れたのはこの時である。

第六章　律法という厚い壁

ステファノの死は西暦三二年頃と推定されるから、イエスが処刑されてからたった二年後である。だからステファノ事件とその波紋について考える時、私はいつもひとつのことに驚かざるをえない。

それはイエスが死んでわずか二年後に、使徒たちはともかく、生前のイエスを少ししか知らなかった者、まったく知らなかった者にまで、イエスに対する信仰がこれほど確立していたという事実である。

幾度も書いたように、イエスは生前、現実において無力だった。彼は愛に生きたが、愛が現実的効果において無力なように、イエスの生涯は現実的効果しか求めぬ人々を幻滅させ、失望させた。そして弟子たちも彼を最後には見棄《みす》てたのである。

その無力なイエスが死後、わずか二年たらずして、一人のステファノを敢然とふるいたたせるほどの信念を起させ、他の多くの信徒たちにも迫害に耐えさせるだけの信仰を与えたというのは、注目すべきことと言わねばならぬ。のみならずその二年の間に、無力と人々の眼にうつったイエスが、人間を超えた存在に少しずつ高められていったのだ。この驚くべき変化を我々はどう解釈したらよいのか。

一神教を固く守るユダヤ教とその風土では、ある預言者やある教師《ラビ》を尊敬することはあっても、彼を人間を超えた神的な存在に考えることは至難である。それは汎神論《はんしん》の風土で育った我々日本人には想像もできぬような困難なことであり、たとえそれが可能としても、たった二年間で一人の預言者がかくも高められ、かくも信仰されたということは殆《ほとん》どユダヤ史のなかでありえない。なぜか。私はこの問題は結論にまわしたい。そして今しばらく、エルサレムを追われた信徒たちの動向に眼を向けたいのだ。

一人の男がこの離散した信徒たちから決定的な影響を受けた。ソウロとよぶ青年である。彼は最初から離散信徒の仲間だったのではない。いや、最初、彼はこれらの信徒の敵であり、迫害者の一人だった。

後にポーロと呼ばれる彼はキリキアのタルソに生れた。タルソは今日、タルススーと呼ばれる地中海に近い、トルコ南部の小都市である。だがその昔は海に面したローマの植民地であり、さまざまの国と交易をする一大貿易都市だった。

タルソという町の名で日本人旅行者が思いだすのは、あのクレオパトラとアントニウス皇帝が蜜月《みつげつ》を送った場所であり、またローマの雄弁家キケロが総督をした、ということぐらいだろう。しかしタルソはまたキリスト教神学をはじめて樹立したポーロ――通称ソウロの出生地でもあるのだ。

ソウロの家は今日でもこの町に多い天幕製造業であり、ローマの市民権を持つユダヤ人の家だった。家業である天幕を作る技術を仕込まれるほか、彼はパリサイ派の子弟としてきわめて厳格な信仰生活を送ったようである。パリサイ派の子弟は幼時から聖典を習い、暗誦《あんしょう》させられる。とりわけ、後年の彼の述懐によると生活のなかで律法を守る点でもまったく「落度のない生活をした」という（ピリピ書、三ノ六）。

当時、タルソには大きな大学があったが、ソウロはこの大学には入学せず、使徒行伝によるとエルサレムに遊学し当時名声の高かった教師《ラビ》、ガマリエルの門下に加わったという。時期はいつかわからない。だがおそらくイエスが処刑された西暦三〇年以後のことだと思われる。なぜなら彼は生きていたイエスを見たこともなければ、あの三〇年の過越祭《すぎこしのまつり》のイエス十字架刑も目撃していないからだ。要するに彼も、離散した多くの信徒と同じようにイエスと一度も会ったこともなかった。そしてその教えにもまったく無関心だったようである。

ガマリエルの教えがどのような影響をこの青年に与えたかは不明だし、ガマリエルの弟子だったことを疑う学者もいる。しかし確実なことはこの青年がパリサイ派教師《ラビ》の思考法や論理の組み方に甚《はなは》だしく通じ、熱烈な律法厳守主義者だったことである。後年の書簡(ガラテア書)から推測すると彼は異邦人にユダヤ教を伝道してまわったようである。つまり神殿を敬い、律法を守り、文字通り「落度のない生活」をすることが救いに至る道だと毫《ごう》も疑わなかったのである。烈《はげ》しい求道心に燃えたこの青年が自分に対しても他人に対しても身を持することを厳しく要求し、妥協や生ぬるさを許さなかったことは、彼のキリスト教信徒への迫害ぶりを見てもよくわかるのだ。彼は人一倍、ユダヤ教の律法で自分の生活を律した男である。〔註〕

パリサイ派が厳守したユダヤ教律法は我々日本人にとってはわかりにくいが、それはまず神の意志に則《のっと》った生活規則である。祖先から伝わった儀礼は言うまでもなく、日常生活の細部に至るまで細かく規定した約束事であり、道徳律でもある。律法は長い間多くの教師《ラビ》たちの指導と解釈から生れ、パリサイ派の信徒たちが守らねばならぬ生活の義務となった。たとえば、安息日に歩行しうる距離から、祈りの回数、手の洗い方、器の浄《きよ》め方に至るまで厳しく規定されている。おそらく我々の眼には、煩雑《はんざつ》で滑稽《こっけい》にさえうつるこれらの律法規定もソウロの属していたパリサイ派には神の意志の反映であり、瀆《おか》してはならぬ神聖な規約だった。ソウロは長じてからも、この規約を決して生活において破ることはなかった。

だが不幸にしてこの青年は自分の偽善を見ぬく洞察力と、順応主義的な道徳には甘んじられぬ宗教的誠実さとを持っていた。彼が他の多くの教師《ラビ》やパリサイ派のユダヤ人とおなじようになれなかったのはこの二つにたいする反省だったと思われる。教師《ラビ》ガマリエルの門にあって、律法を学べば学ぶほど、彼は内容から浮きあがった形式、真の信仰にかけた義務だけの実行に、少しずつ虚《うつ》ろな気持を持ったとしてもふしぎではない。

いや、それだけではない。すべての厳しい禁欲主義者が、自分の肉欲をいまわしいと見て、それを抑えれば抑えるほど、かえって肉欲を意識するように、ソウロも律法で自分の心身を締めつければ締めつけるほど、律法に拘束され、解放感を感じなくなった。彼は律法を守れば守るほど自分の偽善や傲慢《ごうまん》に気づいたのである。心を救ってくれる筈《はず》の律法がかえって自分を苦しめる袋小路となるのを知った時、彼の心は既に崩れはじめたと言ってよい。

ソウロはイエスを主と仰ぐ「ナザレ人《びと》のグループ」などに格別の注意も払ってはいなかった。優れた教師《ラビ》たらんとしたこの青年には、ガリラヤ出身の土くさい田舎者たちの話などは取るに足りぬ低級な愚論にしか見えなかったからである。

ソウロが、会堂《シナゴーグ》でステファノの話を聞いたかどうかはわからないが、神殿を冒瀆したステファノが大祭司カヤパの緊急裁判で自分の意見を翻《ひるがえ》さなかった時、ソウロはその場に居あわせたと使徒行伝はのべている。その裁判でステファノは臆《おく》せず神殿礼拝は偶像崇拝にすぎぬと主張した。神殿を否定することはパリサイ派のソウロにとっては律法を否定することにつながる。

ソウロはこのステファノを烈しく憎んだ。ステファノがソウロにとって全く同意できぬ妄説《ぼうせつ》を唱えたためではない。逆にソウロ自身は心の底で自分もそう思いながら、怖《おそ》れ、かくしていたものを、ステファノがはっきり口に出したから憎んだのである。ステファノを認めることは抑えていた別の自分を認めることである。もしその別の自分を認めれば、今日まで律法を完全に守って生きてきた半生が崩壊してしまう。ソウロはこの時、鏡のなかにはじめて醜い自分の顔を見た女に似ていた。そして女がその顔を憎むように彼はステファノを憎んだのである。それでなければ使徒行伝に記述されたこの青年の異常なほど執拗《しつよう》なステファノ・グループにたいする憎悪《ぞうお》は説明できないのだ。

ソウロは裁判所から城外に引きずり出されたステファノの石打ち刑に立ちあった。

のみならず衆議会の連絡員となり、エルサレム市内の信徒たちを連行し牢獄《ろうごく》に投じた。使徒行伝は彼が「脅迫、殺害の毒気を吐きつつ」逃亡する信徒をダマスコ街道まで追跡したと書いている。

だがこの行伝の記述は逆にソウロの内部的な悲劇をはっきりあらわしている。彼が「毒気を吐きつつ」離散するキリスト教信徒を迫害したのは、実は律法を信じられなくなった自分の心を鞭《むち》うつためだったのだ。彼は崩れようとする自分の律法信仰を必死で支えるために、逆にキリスト教信徒を迫害したのである。

逃亡する信徒たちについて言えば、彼等はこの迫害と逃亡によって、くじけるどころか、逆にその信念を強固にしていた。迫害によって、かえってイエスを主《キリオス》と頼む気持とイエスの再臨を信ずる心は深くなっていた。

そのような信徒の姿はそれを肯定する者にも否定する者にも強い印象を残さずにはおかない。日本の切支丹《キリシタン》迫害時代に拷問《ごうもん》に耐え、殉教する信徒の姿にうたれて、自分も切支丹になってしまった役人がいる。ソウロの場合も同じような心理になったと当然考えられるのだ。

これらの信徒たちは家を捨て、財産を捨ててまで、イエスという男の伝えた福音を信じている。イエスを人間をこえた、人間以上の存在として考えている。なぜ彼等はこの苦しみに耐えてまでイエスの再臨を待っているのか。なぜ、彼等は神殿を否定しながら生き生きとした信仰を持っているのか。

そのような疑問が次々とソウロの心に湧《わ》いたことは当然であろう。あるいは彼は捕えた信徒たちと真剣に話しあったかもしれない。少なくとも訊問《じんもん》の形式でその言うことに耳傾けたであろう。言葉よりも彼等の表情がソウロの心を打ったかもしれぬ。

ソウロから見ると彼等はイエスと呼ぶくだらぬ男を主《キリオス》と仰ぎ、その再臨を信じているのだ。しかもイエスという男は十字架刑に処せられた人間であり、ソウロの究めた律法によると「木にかけられた者はすべて神に呪《のろ》われる」（申命記、二十七ノ二十六、二十一ノ二十三）筈である。神に呪われた男を主《キリオス》と仰ぐことは全面的な律法否定にほかならぬ。律法否定をした者たちがこのように生き生きとした救いの希望を持ちつづけることがありえようか。

疑問がソウロの胸を去来した時、彼は「律法か、イエスか」という問いと向きあわざるをえなかった。彼にとってイエスを選ぶなど愚の骨頂だった。にもかかわらず、自分が捕縛した信徒たちが侮蔑《ぶべつ》や苦痛のなかで耐えているのを見ると、彼はイエスを黙殺することができなくなっていった。イエスとは一体何者なのだろう。烈しい性格のこの青年がはじめてイエスに好奇心を抱いたのはこのダマスコ街道においてであったと思われる。

のみならず、先にものべたように彼は律法について、実は人には言えぬ疑問を感じていた。律法を生活のなかで守れば守るほど自分が陥る罪を意識していた。彼が「律法か、イエスか」という問いを心に与えた時、動揺したのは無理もない。後年、彼は「人は信仰によって、律法のわざなしに義とされる」（ロマ書、三ノ二十以下）、「人は信仰によって……祝福される、律法のわざによるものは、すべて呪いの下にある」とはっきり書く。勿論《もちろん》、信徒を追跡していたこの時期、ソウロはそのような確信に到達したわけではない。しかし、そのような確信に至る出発点がこの時期にあったとは当然考えられてよい。

離散した信徒が迫害と苦しみに耐えているのは、その苦しみがいつの日か、慰められ、酬《むく》われるという希望があるからだろう。それぐらいはソウロにもすぐ、わかった。だが詳細に観察してみると彼等の希望はそれだけではないらしい。彼等はどうやら主《キリオス》と仰ぐイエスもこの地上で自分たちと同じように迫害を受け、「木にかけられる」というむごい死にざまをしたことに、深い意味と慰めとを見《み》出《いだ》しているらしい。迫害を今、受けている自分たちと、迫害をかつて受けたイエスとの間にひそかな連帯感を感じ、やがてそのイエスと共に天の栄光を受ける希望を抱いているようだ。「今、この時の苦しみは、やがて私たちに現わされる栄光に比べると、言うに足りぬ」（ローマ書、八ノ十八）、「キリストと栄光を共にするために苦難をも共にしている」（同上、八ノ十七）、「キリストと共同の相続人である」（同上、八ノ十七）。

律法から言えば、神に呪われた「木にかけられる」死を遂げながら、かくも自分を信ずる者に生き生きとした希望を与えているイエスとは何者か。ソウロはふたたび、ここでも「律法か、イエスか」の疑問に向きあわねばならなかった。おそらく彼の心には慣習と形式に堕し、内容のともなわぬ宗教義務に拘泥するエルサレムのユダヤ教徒の信仰にくらべてこのみすぼらしい離散信徒の信仰が生きている事実だけは認めざるをえなかった。

使徒行伝はこうした彼の心の動揺については何も語ってはおらぬ。ソウロ自身も現在残っている彼の書簡のなかでこの点については一言も触れてはいない。彼はただ後年、自分が「神の教会を甚だしく迫害して、之《これ》を荒し」（ガラテア書、一ノ十三）と告白しているだけである。だがそのガラテア人宛《あて》の書簡やローマ人宛の書簡にあらわれた律法についてのソウロの考えと人間の苦しみについての思索とを読むと、彼が迫害した離散信徒たちの無言の影響が出発点となっていることは確実である。

今や「律法か、イエスか」という疑問が彼の頭から離れなくなる。イエスとは何者かという課題に眼をつぶれなくなる。エルサレムにいた時、侮蔑して顧みもしなかった「木にかけられた」醜い瘦《や》せた男を黙殺できなくなってしまった。イエスという関心もなかった男の存在が心に大きく拡《ひろ》がりはじめた。イエスを彼はもう無視できない。使徒行伝はこの切迫した心理を次のような形で書いている。

「かくて行く道すがら、ダマスコ附近に至りけるに、天より光来《きた》りて彼をかこみ照らし、彼、地に倒れつつ、ソウロよ、ソウロ、何ぞ、我を迫害するという声あるを聞きて、汝《なんじ》は誰ぞと言いけるに、彼者《かのもの》、我は、汝の迫害せるイエスなり」(使徒行伝、九ノ三―五)

この行伝の描写は感動的である。ソウロよ、ソウロ、何ぞ、我を迫害する。Shául, Shául, ma att rapdephinni. それは普通、考えられているようにソウロの改宗の決定的な場面描写ではないのだ。改宗にはまだ至ってはいないソウロにイエスの存在がますます迫ってきた状況を語っているのだ。彼はもはやイエスから離れられぬ。イエスの存在は光を放ち、そして「何ぞ、我を迫害する」――「律法を選ぶか、私を選ぶか」と問うてきたのだ。

ソウロはその光に「目を開けど何も見えず」(使徒行伝、九ノ八)、つまりまだ決定的な答えを出すことができないでいる。律法とイエスとの間《はざま》にはさまれ、どう答えてよいのか、わからないでいる。そしてそのままダマスコの町に入ったが「三日の間、ここにありて、目見えず、飲食せざりき」（使徒行伝、九ノ九）。三日というのは勿論、象徴的な数字である。この数字にこだわることはない。それはダマスコの町で彼が寝食を忘れて「律法か、イエスか」の問いと向きあったことを示している。

遂《つい》に彼は信徒の一人アナニヤと接触し、その手引きで信徒グループに身を投じる決心をする。それによって「たちまちソウロの眼より鱗《うろこ》のごときもの落ちて、視力、恢《かい》復《ふく》し、やがて食事して力づけり」（使徒行伝、九ノ十八―十九）。

行伝はまたソウロの改宗を怖れ、信じられなかった信徒たちのいたことも暗示している（使徒行伝、九ノ十三）。彼等はソウロがいかに自分たちを迫害したか、身をもって体験したからだ。だがソウロの改宗は決定的であり本ものだった。彼の改宗は離散信徒たちのなかから生れ、以後、彼はエルサレムの使徒グループとはちがった離散信徒の信仰の代弁者となる。はっきり言えばポーロの信仰はエルサレムの使徒グループの影響からではなく、離散信徒を母胎として生れたのである。

〔註〕我々は使徒行伝の記述に従ってソウロの前半生を語った。だが行伝のこの部分に関する記述を、ポーロ（ソウロ）自身の書簡と照らしあわせて疑う学者もいる。

ソウロがガマリエル門下だったことは勿論、ステファノ事件の際、エルサレム及びダマスコ街道で信徒の迫害を行ったことも、その書簡と矛盾するからである。このような迫害の指揮をとっていたならば当然、その名はユダヤ人たちに知られている筈なのに、ポーロ自身は「シリヤ地方の教会では自分の顔は知られていなかった」(ガラテア書、一ノ二十二)と告白している。したがって彼のユダヤ人迫害はユダヤ以外の地で行われたのだと指摘している人もいることを附記しておきたい。

離散信徒たちはその避難した場所でそれぞれ布教をしたが、そのなかでもとりわけ精力的に動いたのはステファノと共にエルサレムの「ギリシャ語を話すユダヤ人」信徒の指導者だったピリポである。初期キリスト教布教における彼の努力と功績とはペトロやポーロたち栄光ある名にかくれているけれども、決して無視はできぬものがある。サマリヤにおいて彼は遅れてきたペトロに布教の役目をゆずると、自分はパレスチナの海ぞいの道を北に北にと進み、到《いた》るところで布教を続けながら北方の首都カイザリヤに到達した。カイザリヤにおける布教はこのピリポによって開拓されたと言ってよい。

一方、エルサレムの弟子グループから、サマリヤにヨハネと共に派遣されたペトロもエルサレムには戻らずサマリヤから西パレスチナのシャロン平原の異邦人の町に向った。ペトロの心には自分たちがあの迫害の最中に見棄《みす》てた「ギリシャ語を話す」信徒たちへの後ろめたさと、償いの気持が働いたからである。ペトロのこの頃の行動には聖都に残っている弟子グループよりも、これら離散した信徒たちと協調しようとする姿勢がありありと窺《うかが》えるからだ。クルマンはその著書『ペトロ伝』のなかでこの頃のペトロが教会指導者から伝道者に変ったとのべているが、彼がエルサレムに指導者として戻るよりはサマリヤからシャロン平原のルダやヨッパ（シャファ）のような町に伝道者として向った心情はやはり考えておかねばならない。

前にものべたように、ペトロはエルサレムに残っている保守的な弟子グループよりもやや進歩的だった。彼は前からステファノやピリポたち「ギリシャ語を話すユダヤ人」信徒の神殿や律法にこだわらぬ信仰に共感を持っていた。生前のイエスも同じ考えであったことをペトロ自身が眼で見、耳で聞いていたからである。ただ組織の指導者として彼は過激な言動に教団が進むことを抑えてはいたが、しかしステファノ事件以後、自分のためらいを恥ずかしく思いはじめたにちがいない。

けれども離散信徒と協調することは彼等と同じように神殿や律法を軽視することになる。ユダヤ教徒の律法生活をきびしく守り、その枠内でのみ布教をしている使徒グループには、ステファノ事件以後もまだその点に拘泥している者たちがいた。この連中はペトロが布教のためとは言え、異邦の町で異邦人と接触することに異論を唱えるだろう。ユダヤ教の律法はユダヤ教徒が異邦人の家に入ることを不浄なものとして禁じているからだ。

こうした保守派との軋轢《あつれき》を避けるため、ペトロはそのままエルサレムに戻らず一時シャロン平原の布教に向った。慎重な彼はさしあたって、ユダヤ人だけを対象にして福音を伝え、そしてその後に異邦人たちに手を伸ばそうとしたのであろう。

だが使徒行伝によれば彼が最初に洗礼を授けた異邦人はカイザリヤに住むコルネリオ一族とその知人たちである。コルネリオはローマ軍の百卒長だったが、おそらくピリポを通じてキリスト教に興味を持っていたのかもしれぬ。彼は使いを出し、ヨッパの町の革工シモンの家に宿泊しているペトロを招いた。たとえ、イエスの福音を伝えるにせよユダヤ人ならぬローマ軍の百卒長の家に入り、食卓を共にすることを律法はけがれの行為として厳しく禁じている。ペトロは逡巡《しゅんじゅん》した。日本人には理解しがたいこのユダヤ人の選民意識と律法の神聖さが、まだ当時のペトロの心にも残っていた。使徒行伝はこの時のペトロのためらいを次の言葉であらわしている。「われ、かつて、汚れたるもの、潔《きよ》からぬものを食せしことなし」。つまり異邦人の食べものを食べられぬ気持が彼にはあったのだ。

だがこのペトロの訴えに天は啓示をくだした。「神の潔め給《たま》いしものを、汝、潔からずと言うなかれ」。それは主の福音はユダヤ人だけではなく、異邦人たちにも広められるべきだという啓示である。福音はユダヤ人だけを対象にするべきではなく、民族を超え、国境を超えて万人に伝えるべきだという啓示でもある。ペトロはコルネリオの使いと共にカイザリヤに出発した。そしてこの百卒長とその一族や知人たちに伝道をした。

だがペトロの異邦人布教を知ったエルサレムの弟子グループのなかには強い怒りを感じる者がいた。彼等はペトロを呼び戻し、彼の律法違犯の行為に釈明を求めるよう、イエスの従兄弟《いとこ》ヤコブに要求した。

百卒長コルネリオへのペトロの布教挿話が事実であるか、どうかはわからない。最近、この挿話は他のペトロ伝説とちがい、信憑《しんぴょう》性が高いと考える学者も出てきたが、従来それは実はピリポをはじめとする離散信徒によって開始された異邦人布教を、ペトロたちエルサレムの弟子グループの功績にするため、行伝の作者ルカが創作した物語だと考えられていた。

しかしこの話が事実であろうと創作であろうと、それは初期のキリスト者が異邦人におのれの信仰を伝えることが当時いかに困難だったかを伝えている。我々日本人にはユダヤ教徒たち——もちろん初期のユダヤ人キリスト者——がなぜ、かくも律法にこだわり、律法を生活の規準としない異邦人との接触を避けようとしたか、理解するのはむつかしい。

だが律法はこの時代のユダヤ世界の生きた現実だったのだ。それは律法をあえて否定しようとしたステファノ・グループが追放と迫害の苦しみを受け、その追放の旗頭となったソウロが「イエスか、律法か」のどちらかを選ぶために、眼もみえず、食物も咽喉《のど》を通らぬほど苦しんだことが示している。そして更に、もし百卒長コルネリオの改宗物語が事実ならば、その手引きをしたペトロがエルサレム教団から釈明を要求されたこともそれを示している。言いかえれば、キリスト教が異邦人の世界に進出するためには、前面に立ちはだかる律法と戦い、その厚く堅い城壁を破らねばならなかったのである。

第七章　第二の迫害

ポーロ（ソウロ）がダマスコで劇的な改宗を行ってから三年の後の三六年と三七年、ひとつのニュースが聖都エルサレムを騒然とさせた。イエスに死刑を宣告したあのローマ知事ピラトがその失政ゆえに解任され、ローマに帰国させられたのである。ピラトはサマリヤで民衆を弾圧した廉《かど》で民衆の不満をかったのだ。そして新任のローマ知事にはマルケルスという男が任命された。更にピラト解任の翌年の三七年、ローマでは皇帝ティベリウスが死に、その遠縁にあたるガイウスが即位した。

ガイウスは通称をカリグラ（軍隊風の子供靴）と言い、言うまでもなく、カミュの戯曲『カリギュラ』のモデルになったローマ皇帝である。即位当初は彼も善政を布《し》き、元老院にも軍隊にも民衆にも歓迎を受けたが、やがて重病にかかってからは自分をジュピター神の化身と思う誇大妄想家になっていった。当時のユダヤ史家フラビウス・ヨセフスはこの間の事情を次のように書いている。「カリグラはおのが好運に自信を持ち、おのれを神とみなし、すべての者が自分を神として呼びかけることを望んだ」

だがカリグラがエルサレムを騒然とさせたのはその即位によってだけではない。彼はローマ帝国のすべての支配国に——特にユダヤに——自分を神として礼拝し、犠牲を捧《ささ》げることを突然要求してきたからである。

ローマ帝国の支配下にあって屈辱に耐えてきたユダヤ人たちもこの要求には烈《はげ》しく憤激した。ローマ皇帝が権力を示すためにユダヤ人たちの自尊心を傷つけた例はこれまで幾つかある。だがこのカリグラのように自分を神として仰ぐことを求めた皇帝はかつてない。民族神ヤハウェのみを唯《ただ》一つの神として礼拝してきたユダヤ人たちが深く傷つけられたことは言うまでもない。サドカイ派もパリサイ派もそして他のユダヤ教徒もこぞってこのカリグラ帝の不遜《ふそん》な要求を呑《の》もうとはしなかった。

暴動が西ユダヤのヤムニヤという町で起った。異邦人たちがローマの命令に従って作ったカリグラを祭る祭壇をユダヤ人たちがこわしたのである。知らせを受けた皇帝カリグラは報復としてエルサレムの神殿に自分の像を立てることを命じ、同時に彼はシリヤ総督ペトロニュウスに軍団を率いてエルサレムに進撃するよう指令を出した。

ユダヤとパレスチナ全体に恐怖《パニック》が拡《ひろ》がった。フラビウス・ヨセフスの『ユダヤ戦記』によれば、はじめは高を括《くく》っていたユダヤ人たちも総督ペトロニュウスが三軍団とシリヤ予備軍を率いてアンティオケを発し、エルサレムに向った知らせを聞いた時、事態の重大さに気づき、愕然《がくぜん》としたという。こうなると事件はユダヤ人たちにとってたんに政治的事件だけではなく、ユダヤ人とユダヤ教の滅亡さえ意味したのだった。文字通り彼等は「世の終り」が近づいたという危機感に襲われはじめたのである。

これらの日々のことを聖書は直接には書いていない。イエスの処刑問題でも見られるように聖書作家たちは、執筆方針としてローマを刺激しないようといつも慎重な筆使いをしているからである。だが他のユダヤ人たちと同じように原始キリスト教団の信徒たちも終末の意識に駆られたことはマルコ福音書やポーロの書簡に見られる間接的な表現で間違いはない。「汝《なんじ》等、戦及び戦の噂《うわさ》を聞きて懼《おそ》るるなかれ。この事はけだしあるべし。即《すなわ》ち民は民に、国は国に起《た》ち逆らい、地震、飢饉《ききん》は諸々《もろもろ》にあらん。これらは苦しみの始めなり。……その時、ユダヤにおる人々は山に遁《のが》るべし」（マルコ、十三ノ七―十四）

マルコ福音書は更に不安とパニックの日々、キリスト教徒がどういう心の準備をしたかを次のように暗示している。「そはその日に際して神が万物を創造したまいし開闢《かいびゃく》の始めより今に至るまで、かつて有らず、後にも有らざらん程の難《なやみ》あるべければなり。主、もしその日を縮め給《たま》わずば、救わるる人なからん、されど特に選み給いし

人々のために、その日を縮め給えり」（マルコ、十三ノ十九―二十）

世の終りが今まさに来ようとしている。だがその時、待望するキリストは必ず、来られるであろう。そのためには決して偽りのメシヤたちの言葉に瞞《だま》されてはならない。

「その時、汝等に向いて、看《み》よ、救い主ここに在り、看よ、かしこに在りと言う者ありとも、之《これ》を信ずるなかれ」（マルコ、十三ノ二十一）

マルコ福音書の黙示録的なこれらの言葉は生前のイエスの口から語られたものというより、ペトロニュウスの率いる軍団に国土と聖都を焦土にされようとしたこの時のキリスト教徒たちの危機意識の反映である。あるいはまた使徒たちがキリスト教徒たちにむかって言った言葉の集約である。そして危機感は彼等をしてこの時もまたイエスを更に神格化するに役だった。またキリストの再臨を熱望する信仰を一段と強めた。彼等は仲間だけではなく、周りの者たちにこの再臨を説いてまわった。イエスが死んでからまだ十年もたっていないのに、あの非力で無力だった男はこうした危機の折、その弟子たちの心の支柱になるほど、大きな存在になっていたのである。大きな存在だけでなく、人間を超えた存在として見られるようになっていたのである。このことは終章で詳しく書くが一神教の支配するユダヤのなかでは例外的な事実だったのだ。私の推測ではこの時期、原始キリスト教団は多くの改宗者を獲得したと思われる。

人々が世の終りとキリストの再臨を烈しく説くキリスト者たちの声に実感をもって耳かたむけたからだ。ユダヤの危機はキリスト教にとって逆に有利な条件となった。

他方、カリグラ帝の命令を受け三軍団を率いた総督ペトロニュウスは南下したものの、各地でユダヤ人の歎願《たんがん》に出あった。死を覚悟したユダヤ人たちは妻子を連れ続々とペトロニュウスの陣営、プトレマイス平原に集まった。そしてこのシリヤ総督にユダヤの律法を尊重してほしいと哀願した。

ペトロニュウスは一応はその要求を退けたものの、彼等の信仰心に動かされざるをえなかった。彼もまたカリグラの要求が不当であることを感じていたからだ。戦意の鈍ったこのローマの総督はユダヤ人と戦うことをやめ、やがてアンティオケに引きあげていった。幸運にもこの時、暴君カリグラ帝がエジプトのパテティヌス宮殿で近衛《このえ》兵《へい》将校カエレアの手で暗殺されたというニュースが届いたのである。パレスチナ全体に拡がった危機は回避された。

聖書は露《あらわ》には書いていないが、このカリグラ事件が原始キリスト教団にひそかに与えた影響を私は無視することはできぬ。第一の影響は先にふれたようにユダヤとパレスチナに拡がった危機感が逆に教団の信仰とイエスの再臨の希望を烈しく燃えあがらせた点である。事件はかえって芽ばえたばかりの初期キリスト者の結束を強めただけでなく、同じ不安と危機意識にかられた人々をあまた改宗させることにも役だった。

そしてイエスを神格化する信仰運動は更に深くなっていった。

だが影響は他方キリスト者にとって不利な形でもあらわれた。カリグラ事件は非キリスト者であるユダヤ人にはその民族意識をますます昂揚《こうよう》させ、神殿や律法にたいする忠誠心を更に強化させたからである。身を捨ててプトレマイス平原に集まったユダヤ人たちは軍を率いてアンティオケに引きあげていくペトロニュウスの姿を見て、自分たちの「勝利」を感じたのである。カリグラがエジプトのパテティヌス宮殿で近衛兵将校カエレアに暗殺されたという知らせも、神罰がくだされたと信じた。神《ヤハウェ》は神殿と律法とを死をもって守ろうとした自分たちを決して見棄《みす》てなかった、その誇りと自信がユダヤ人たちの心に勃然《ぼつぜん》として起ったことは間違いない。

「神《ヤハウェ》とその律法はやはり正しかった」。事件以後この意識は律法を何より重視するユダヤ庶民たちに強く拡がった。高まった民族意識と混った宗教心がいかに排他的になるかは、日本人の我々も戦争中の思い出から想像することができる。今まで原始キリスト教団に比較的寛大だったパリサイ派の人々が律法を軽視するキリスト者に反感を持ちはじめたのは当然である。彼等は律法を無視して異邦人と接触するキリスト教信徒たちを非難しはじめた。

この時、キリスト教信徒にたいする人々の反感を自分の保身のために利用した一人の男がいる。ユダヤの分国王、ヘロデ・アグリッパがそれである。

ヘロデ・アグリッパはヘロデ大王の孫であり、洗者ヨハネを殺し、イエスを愚弄《ぐろう》したヘロデ・アンティパス王の甥《おい》にあたる。彼は六歳の時からローマで教育を受けていたが、当時まだローマ市民にすぎなかったカリグラに接近しすぎたため、前皇帝ティベリウスの勘気に触れ投獄されたことさえあった。だがカリグラが帝位につくや、ユダヤの分国王に任ぜられたのである。

「アグリッパ王は穏和で、すべての人に一様に寛大だった。……彼はほとんどの時をエルサレムで過し、律法を厳格に遵守《じゅんしゅ》した。それゆえ、彼は自己を全く清潔に保ち、一日とて定められた犠牲を捧げることなしに日を過すことがなかった」

先に紹介したユダヤ人史家、ヨセフスのこの報告が事実ならば、アグリッパ王は内心はともかく、外見は熱心なユダヤ教徒であったと言える。少なくとも彼はユダヤ教徒であることによって、長く離れていたユダヤ人たちの支持を得ねばならなかった王なのである。

そのアグリッパ王にとって暴君カリグラが引き起したあの事件はやはり大きな打撃であり、損失だった。なぜならユダヤの民衆は彼がカリグラとローマ時代に親交があり、その親交ゆえに王位につけたことをよく知っていたからだ。したがってカリグラにたいするユダヤ人の怒りが、もし自分に波及すれば、ようやく手にしたこの分国王の地位も安全だとは言えぬことも彼はよく知っていた。彼は「穏和で、すべての人に寛大だった」が、それは、とりもなおさず王位を守ることに汲々《きゅうきゅう》としていたことに他ならぬ。

アグリッパ王はカリグラが死に、その叔父クラウディスが帝位を継いだあとも、ユダヤ人民に自分がユダヤに忠実であることを証明せねばならなかった。事件が勃発し、危機がパレスチナ全体に拡がった時、この王が必死になって皇帝カリグラに妥協案を提出し、寛大なる処置を願ったのもそのためである。だがそれだけでは自分がユダヤとユダヤ教に忠実であることを民衆に充分に示すことのできぬのも彼は知っていた。

この時、王が自分の保身のために目をつけたのはキリスト教徒である。律法をきびしく日常生活でも守ったこの王が、律法を軽視しようとするキリスト教徒に好意を持てなかったことも充分、考えられるが、彼が行ったキリスト教への迫害は、むしろ保身のため、もしくは政策のためと考えたほうがよい。

ステファノ事件以後、ともかくも鎮《しず》まっていた原始キリスト教団にたいする迫害がふたたび起った。使徒行伝は明記していないが場所はエルサレムだったことは確かである。アグリッパ王はその領国よりも「ほとんどの時をエルサレムで過していた」(ヨセフス) からである。彼の迫害の対象は地方に離散した「ギリシャ語を話すユダヤ人」信徒ではなく、エルサレムに留まっている使徒グループに向けられた。使徒行伝はこうした状況を詳しくは書かず、たんに「当時、ヘロデ王は教会のある人々を悩まさんとして」(使徒行伝、十二ノ一) としか報告していない。だが時期は四三年か、四四年の過越祭の時であったことは推察できる。

たびたび触れたように、使徒グループは地方に離散した信徒たちにくらべてユダヤ教的であり、保守的だった。イエスの従兄弟《いとこ》ヤコブを中心とする派は特に律法を守り、神殿に詣《もう》でるきびしいユダヤ教徒の生活を欠かさなかった。彼等が異邦人コルネリオに布教したペトロに帰還を命じ、その律法無視を非難したのもそのためである。

これにたいし使徒グループのなかにもうひとつの派があった。ペトロに同調するペトロ派がそれである。ペトロ派はおそらく離散した信徒たちの革新的で積極的な布教態度に共鳴し、ひそかにそれを支持していたにちがいない。

ヘロデ・アグリッパ王の迫害は「教会のある人々」に向けられたが、その「ある人々」とは言うまでもなく弟子グループの保守派ではなく、律法を軽視しようとするペトロ派であった。

過越祭の直前、迫害は敢行された。過越祭の前後は多くの巡礼客がエルサレムに各地から上ってくる。そしてこの日々は、ユダヤ民衆のメシヤ待望の情熱はいやが上にも高まり、民族感情が昂揚する時でもある。だからこそ十四年前の過越祭の折にもイエスは熱狂的な民衆の支持を獲《え》て、それを危険視した大祭司カヤパのために殺害されたのである。

この年の過越祭はカリグラ事件のほとぼりがまださめなかっただけに、とりわけユダヤ人の民族意識は盛りあがり、反ローマ熱も高まったにちがいない。ローマ皇帝カリグラの手で王位についたアグリッパ王はエルサレムに集まった彼等の興奮を前にして「ユダヤに忠実である」証《あかし》を立てねばならなかった。王はその証明のため、キリスト教徒のなかから律法を軽視する者を処罰せねばならぬ気持に追いこまれたのだ。カヤパが民衆の反ローマ的暴動をおそれてイエスを生贄《いけにえ》にしたように、ヘロデ・アグリッパ王も自分の保身のために生贄を見つけねばならなかったのである。

生贄となったのは弟子グループの一人、ヨハネの兄弟ヤコブである。イエスの従兄弟であり、ペトロと共に原始キリスト教団の指導者となったヤコブとは同名だが勿論《もちろん》、別人であるこのヤコブは使徒行伝と各福音書の人名表をみると二番目、もしくは三番目に記載されており、その点、弟子たちのなかで重視された存在であったようだ。

彼がペトロ派にいたのは、ペトロも彼もガリラヤの漁師の子として生れ、おそらく子供の時からの友だったためであろう。性格が激情的だったことは、イエスを歓迎しなかったサマリヤ人《びと》の村を焼き払おうと思いたった（ルカ、九ノ五十一—五十六）点や、「雷の子《ボアネルゲ》」と綽名《あだな》をつけられた点でもよくわかる。

先にものべたように使徒行伝はその殺害の模様について何も語っていないが、殺害事件がエルサレムに集まったユダヤ人巡礼客を悦《よろこ》ばせた点からみると、激情的な彼はその巡礼客たちの前で、はっきりと律法を軽視するような発言をしたのかもしれぬ。

いずれにしろアグリッパ王は過越祭の直前ヤコブをエルサレムで殺害した。集まった巡礼客は王のこの行動を非難するどころか、むしろ支持した。この支持に力を獲た王は更にペトロの逮捕にも踏み切った。それによって自分がユダヤ人とユダヤ教に忠実であることを見せたかったのである。

牢《ろう》に投じられたペトロは過越祭が終ったあと衆議会の裁判にかけられることになっていた。けだしユダヤの規定では祭りの間に裁判を開くことは禁じられていたからである。

裁判にかけられる前夜、使徒行伝によれば、ペトロは脱獄に成功した。寝しずまった夜のエルサレムの町を逃げたペトロはヨハネの母親の家の戸を叩《たた》き、驚く人々に事の次第を語って、エルサレムから脱出することにした。もはやこの聖都にとどまることは危険だったからである。

ペトロの脱走によって、エルサレムの弟子グループは指導者を失った。指導者としての地位は必然的にイエスの従兄弟ヤコブが継ぐことになる。そしてペトロもこの後は組織のリーダーとしてよりは異邦の伝道に力を注ぎ、ほとぼりのさめるまでエルサレムには戻らなかったようである。

だが一般のユダヤ教徒たちは、なぜペトロや離散したキリスト教信徒たちが異邦人を仲間にすることに憤激したのか。ユダヤ教徒だけではなく、エルサレムの弟子グループにも、こうした異邦人布教を悦ばぬ人たちがいたのか。この点を今少し詳しく考えておきたい。

ユダヤ人たちにとって異邦人とは一体、何か。一言でいえば異邦人とは、神《ヤハウェ》から選ばれていない民である。あるいは神《ヤハウェ》と神聖な契約を結んでいない民なのである。

ユダヤ人たちはこのイエスや原始キリスト教団が芽ばえた時代には自分たちこそ神《ヤハウェ》から選ばれた民であるという強烈な意識に燃えていた。神《ヤハウェ》はアブラハムをはじめとする預言者を通してユダヤ人こそ自分の民であり、自分と神聖な契約を結んだ民であることを啓示してきた。この「選ばれた民」という意識は観念ではなく、生きた歴史としてユダヤ人の血肉を流れてきたのである。彼等が多くの異民族に国土を蹂躙《じゅうりん》されながら、あるいは国外の各地で苦難に耐えながら、神《ヤハウエ》の信仰を棄てなかったのも、この「選ばれた民」の一員であるという誇りのために他ならない。

誇りを守ることは神《ヤハウエ》との契約を守ることであった。神殿の礼拝も、きびしく煩雑《はんざつ》な律法戒律を守ることも、彼等にはユダヤ人の歴史を保つことであり、ユダヤ教の純粋をかたく維持するためだった。したがってユダヤ人たちは芽ばえたばかりの「ナザレ人《びと》」たちが神《ヤハウエ》を信じ、神殿を尊重し、律法を守る限りにおいては、自分たちと多少ちがった異説を説《とな》えようと寛大であり、鷹揚《おうよう》でもありえた。エルサレムの弟子グループが欠かさず「神殿《みや》に参る」間はパリサイ派などはこれに好意を持ったのもそのためである。

だが、ひとたび神殿が侮辱されれば、事情は一変する。ステファノ事件がそれを証明している。律法が無視されれば、もはや寛大であることは許されない。異邦人たちと接触すること、彼等と食卓を共にすることはユダヤ人たちにとってユダヤ教の純粋を傷つけることでもあったのだ。

なぜか。それは第一に異邦人たちは割礼を受けていないからである。異邦人とは言いかえれば、割礼を受けざる民のことである。割礼とは言うまでもなく、生後八日目の男子が性器の包皮を切除する習慣である。

我々日本人には理解しがたいが、当時、ユダヤ人の六百十三の律法のなかで最もきびしく守らねばならないのが、この割礼と安息日との二つであった。割礼をユダヤ人たちはたんなる民族的風習とは決して考えてはいなかった。それは彼等の祖先に神《ヤハウェ》が教えた神聖な契約の徴《しるし》だった。割礼を行うのは神《ヤハウェ》に選ばれた証明であり、神《ヤハウェ》の民となった記号でもあったのである。

神はアブラハムに言われた。「男子は皆、割礼を受けねばならぬ。これは私とお前たち、及び後の子孫との間の契約であって、お前たちが守るべきこととなのである」

（創世記、十七ノ九―十）

割礼を受けぬ男子、すなわち前の皮を切らぬ者は私との契約を破るゆえ、民のうちから断たれるだろう。

（創世記、十七ノ十四）

この神《ヤハウエ》の契約の徴をユダヤ人たちは行う。だが異邦人たちは行わない。異邦人とはユダヤ人にとって割礼——神《ヤハウエ》との契約を結んでいない人間たちのことなのだ。

割礼と共に彼等が重視したのは安息日の厳守である。安息日とは週に一度、我々の暦の金曜の夕方から始まり、土曜の夕方に終る。この間は今日でもエルサレムの店は閉じ、ホテルでさえ飲酒、喫煙は旅行者に許されぬ時もある。イエスの時代は更に厳格であり、エッセネ派では安息日に信者が排泄《はいせつ》をすることも許されなかった。教師《ラビ》たちはさまざまの不可解な禁止事項を作ったが、たとえばそのなかにはランプを消すこと、綱を結び解くこと、二つの文字を書くことも許さぬというような常識をこえた項目さえある。

我々には滑稽《こっけい》で不可解なこれらの禁止事項は、しかし安息日の神聖をあくまで貫こうとする信念から生れたと考えれば、理解することができる。割礼も安息日もその根底には選ばれた民がユダヤ教の純粋を徹底的に保持しようとする意志のあらわれなのだ。それは観念ではない。血肉化された彼等の歴史であり、現実だったのである。

割礼を行わざる異邦人を仲間にすること——それはユダヤ人たちにとって歴史を冒《ぼう》瀆《とく》することであり、神《ヤハウエ》の神聖を犯すことであり、自分たちを裏切る行為だった。彼等はユダヤ教の会堂《シナゴーグ》に異邦人が話を聞きにくることは拒まなかったが、自分たちの共同体に入れることは拒んだ。もしそれに加わる意志があれば、割礼と安息日の義務をきびしく要求した。

安息日と割礼の重要性。これを無視して我々は聖書をそのまま読むことはできぬ。あるいは使徒行伝を軽々しく読むこともできぬ。たとえばイエスが「人が安息日のためにあるのではない。安息日は人のためにあるのだ」と発言した時、それはたんに人間性の重視などという単純な問題ではなく、ユダヤ教が守った神聖にたいして愛の神聖さで挑んだ危険きわまる発言だったのである。同時にまた、初期のキリスト教徒が異邦人に布教を試みる時、いかに烈《はげ》しい抵抗とためらいが教団のなかでもあったかを考えねばならぬ。後世、キリスト教は異民族に布教する時、その異民族の信仰と対立せねばならなかったが、イエスの死後十四年、原始キリスト教団がその母胎であるユダヤ教を超えるためには、この割礼の障壁を破らねばならなかったのである。

イエス死後十二、三年後の聖都エルサレムの状況は以上の通りだが、その間、各地に離散した信徒たちはどういう動きを示しただろうか。

カリグラ事件がパレスチナ全体に世の終りという終末意識と不安感とを引き起し、

それが多くの人々をしてキリストの再来を説く信徒たちの話に耳傾けさせたことは既に書いたが、実際、この十年の間にキリスト教はめざましい信徒を獲得した。前述したピリポの活動はもとよりフェニキヤやシリヤやキプロス島に移住した離散信徒たちも活潑《かっぱつ》な布教をしたのである。なかでも、エルサレムと肩を並べるほどの力を持ったのはシリヤの首都アンティオケである。

かつてアレクサンダー大王が征服し、マケドニヤ王朝の首都となったこの都市はローマ帝国に併合された後もシリヤ州の首都となり、ユダヤ人、ギリシャ人、内陸の遊牧民たちの集まる自由都市へと発展した。したがってここにはさまざまな種族が生活し、さまざまな宗教を自由に信じることが許されていた。その宗教の自由を利用して離散した信徒たちはイエスの福音を伝えはじめた。なかでもクレタ島からきたルキオ、黒《ニゲル》という別名を持ったシメオン、あるいはヘロデ・アンティパス大王と乳兄弟の関係にあったマナエンとよぶ信徒が熱心な布教者だった。

彼等が布教する場所はたいていユダヤ教の会堂《シナゴーグ》である。ユダヤ人たちにはこの話に反撥《はんぱつ》する者は多かったが、ユダヤ教に捉《とら》われぬ異邦人たちは熱心にその話を聞いてくれた。割礼を受けない彼等はたとえユダヤ教の神《ヤハウェ》を信じたとしてもユダヤ人共同体に加えられぬ。だがその点、キリスト教の離散信徒は割礼を受けていない者にも門戸を開いた。異邦人たちは次々とキリスト教に改宗していった。勿論、ユダヤ教徒たちは異邦人に接触するキリスト教徒に反感を抱いたが、ここはエルサレムとは違っていた。信仰の自由を認めるこの街で彼等を迫害することはむつかしかったのである。離散信徒たちは怯《おび》える必要もなく、のびのびと布教できた。ユダヤのエルサレムから離れたこのシリヤの自由な空気のおかげでキリスト教は今や、あたらしい拠点を作ったのである。以後、アンティオケは保守的でユダヤ教的なエルサレム教会とは違った開放的な教会を持つようになった。

アンティオケで多くの異邦人が改宗をしている。この知らせがエルサレムの使徒グループの耳に届いた時、使徒行伝は何も書いてはいないが、それを素直に悦ばぬ派があったことも確かである。彼等は改宗者が自分たちの仲間に入るためには、割礼を行い、安息日を守らねばならぬと主張した。難色を示すこの派にペトロ派は反対したであろう。ペトロ派にはステファノ事件の時の負い目があった。彼等はまたイエスが律法よりも愛を尊しとしたことを知っていた。割礼よりも福音を重んぜねばならぬと考えていた。両派は議論した後、結局、実情調査のため、バルナバとよぶ男を派遣することに決めた。

バルナバについては第四章で既に書いたことがある。ガリラヤから聖都に戻った弟子たちが最初の教団を作った時、教団のために自分の畠《はたけ》を売ったキプロス島出身のあの男である。

キプロス島出身であるから、彼は弟子グループに属していても「ギリシャ語を話すユダヤ人たち」に属する。そこから見ても彼が離散した信徒たちに親近感をひそかに持っていたことは疑えない。

エルサレムからアンティオケに着いたバルナバは、活気あふるるこの町で想像以上にキリスト者が自由に活躍し、改宗者が続出しているのを目《ま》のあたりに見た。ユダヤ教徒にかこまれた閉鎖的なエルサレムと違い、ここではすべてがのびのびとイエスの福音を語れ、それにたいする迫害の空気もない。バルナバは「大いに悦んだ」と行伝はのべている。彼はこの後、エルサレムの弟子グループから離れ、アンティオケの教会のために働くようになる。

だがその彼にも悩みがあった。エルサレムの弟子グループから派遣されたバルナバは、聖都の保守派たちを説得せねばならない。その人柄が「善人だった」(使徒行伝、十一ノ二十四) 彼は善良ゆえ自分にその力が欠けていることを知っていた。強力な片腕が彼には必要だった。

その時、彼の記憶にこのアンティオケからほど遠からぬ同じシリヤ領内のタルソでポーロ（ソウロ）という男が布教していることが甦《よみがえ》った。

バルナバは、ポーロがかつてステファノ事件の迫害者であったがダマスコで改宗したことは知っていた。改宗後たった一度だけ、エルサレムに来たが十五日しか滞在せず、ペトロとヤコブに会っただけで戻った話も耳にしていた。しかしこの男が今は熱烈な信仰に燃え、すぐれた頭脳の持主であることは、エルサレムで彼に宿を貸したペトロからも聞かされていた。彼は早速、タルソにポーロをたずねに出かけた。自分の片腕になってもらうためである。

改宗後、この故郷タルソにふたたび戻るまでポーロは何をしていたのだろうか。わずかな資料を拾い集めてみると、彼は改宗後、ダマスコから東ヨルダンの地域に赴いたようである。当時そこにはペトウラやゲラサ、フィラデルフィヤ（現在のアンマン）のような町があり、ユダヤ教の影響の及ばぬ異教の地域だった。

それらの異教地域に彼が何故《なぜ》、赴いたかはわからない。だが敢《あ》えて想像すると彼はこの時からユダヤ人よりも異邦人たちを相手に自分の知ったキリストを語りたかったのであろう。ユダヤ教の影響の届かぬこの地帯でユダヤ教の桎梏《しっこく》と束縛から離れている異邦人だけを布教の対象にしたかったのであろう。その点、ポーロのキリスト教はエルサレムの使徒グループのものからではなく、あくまでも離散した信徒（ディアスポラ）のなかから生れたものである。彼はユダヤ教を超えるキリスト教をわがものにしていたのだ。

そのためか、当時を回想して彼はこの頃、「我、血肉に謀《はか》らず、またエルサレム、すなわち、先輩なる使徒のもとにも行かず」（ガラテア書、一ノ十六―十七）とはっきり書いている。しかもこの言葉にはむしろ誇らしげな調子がある。

なぜ、この時彼はエルサレムの使徒グループと接触しなかったのか。この誇らしげな言葉の調子はどこから来ているのか。それは彼に、自分のキリストへの信仰とエルサレムの弟子グループのものとは違うという自信があったからである。

自分は教師《ラビ》を志してユダヤ教を長く学んだ。そしてそのユダヤ教を離散信徒の信仰を知ることでのり超えた。これがポーロの自信である。だがエルサレムの弟子グループはイエスと生活を共にした経験をもちながら、いまだにユダヤ教の枠内にとどまっている。彼等の信仰はイエスへの思い出につながるものであるが、ユダヤ教をのり超えたものではない。

自分はなるほど弟子グループのように生前のイエスを見たことはない。それと生活を共にしたこともない。だがイエスは知らなくても自分に啓示を与えたキリストは知っている、復活したキリストを知っている、本当のキリスト教はイエスの思い出に拠《よ》るのではなく、キリストの復活を核とするのではないか。これがポーロの自信である。この二つの自信が「我、血肉に謀らず、またエルサレム、すなわち、先輩なる使徒のもとにも行かず」という誇らしげな言葉から、はっきりと窺《うかが》える。

いずれにしろ、改宗後、異邦人の宣教こそ自分の使命と考えたポーロは、その点でもエルサレムの弟子グループと対立していた。烈しい信仰心のなかにも倨傲《きょごう》な性格を持った彼は、そのため誰にも相談せず東ヨルダンに赴いた。

だがこの東ヨルダンの布教は失敗したようである。それは布教が成功したならば業績にふれるにちがいない彼の回想にもこの時期のことはほとんど語っていないからである。

だが当時、失敗はある重要な意味を持っている。ユダヤ教をこえるためにユダヤ教の外で布教しようとしたポーロは、キリスト教が受け入れられるためには、ユダヤ教の地盤がまだ、やはり必要だと思い知ったからだ。一神論を一神論の地盤のない風土に持ちこむ困難さを最初に体験したのはこの時期のポーロだったと言ってよい。東ヨルダンの汎神《はんしん》的な世界はキリスト教という一神論を持ちこんだポーロを拒絶した。

挫折《ざせつ》したポーロは三年の後故郷のタルソに戻る気持になった。ふたたびユダヤ教の影響のあるなかで、そこから育ったキリスト教を語るほうが容易だと考えたからであろう。彼はダマスコに戻った。

しかしパレスチナでキリスト教を布教するためには、エルサレムの使徒グループの容認をもらわねばならぬことも彼は知っていた。それは彼がかつてキリスト教徒の迫害者だったという過去を持っていたからでもあった。やむをえずエルサレムに行く決心をした時、ポーロの自尊心は正直、かなり傷つけられたにちがいない。「(東ヨルダン布教後、ダマスコに戻り)三年を経て、ペトロを訪問せんとて、エルサレムに至り、十五日の間、彼が家にとどまりしも、他の使徒には、主の従兄弟《いとこ》ヤコブのほか、誰にも会わざりき」(ガラテア書、一ノ十八—十九)という告白にはその口惜しさが窺える。ペトロとヤコブのほかには誰にも会わなかった心情もそれを示している。まだ依然としてユダヤ教の枠内にとどまっている弟子たちを見ることは、ユダヤ教をこえようとする彼には愉快ではなかったであろう。「ペトロとポーロのこの会合が完全な一致に到《いた》ったとは思えない」とボルンカムもその名著『ポーロ』で書いている。「ペトロは諸問題をあらかじめ見通すことができないまま、この新しい福音伝道者のなすがままに委《まか》せたであろう」。ボルンカムの観察はペトロの性格の弱さから考えると納得できる。

故郷タルソに戻った彼はここでの布教ではかなり成功した。ここは東ヨルダン地域とちがい、ユダヤ教の言葉でキリスト教を語り、ユダヤ教——とりわけパリサイ派の考えからキリストをのべることが可能だったからであろう。

バルナバがそのタルソにあらわれ、異邦人布教の問題についてエルサレムの使徒グループを説得したいと提議した時、ポーロはすぐ賛成した。彼は長い間、布教にとって癌《がん》になっている割礼問題を解決し、ユダヤ教をこえたキリスト教の特色をこの異邦人布教におくべきだと考えたからだ。

第八章 弟子たちとポーロのちがい

だがこの異邦人のことを、イエス自身は生前どう考えていたかは一応ふりかえっておかねばならぬ。イエスの思い出を心に刻みこんでいる旧弟子たちもその点を当然、考慮したにちがいないからである。

ところが福音書を見ると、イエスが異邦人について語った言葉は意外と少ない。共観福音書でも四つ五つしかないであろう。たとえば彼は祈りについて語りながら「異邦人の如《ごと》く、言葉の多きに依《よ》りて(祈りを)聴き容《い》れられんとする勿《なか》れ」とのべたことがある(マタイ、六ノ七)。しかしこの言葉は異邦人を敬遠し福音を彼等に伝えることを拒む内容を持ったものではあるまい。

異邦人に福音を伝えることをイエスがはっきり禁じているのはガリラヤを追われた後、彼が弟子たちを各地に送り、自分の代りに布教させた時である。この時、イエスは死を予感していたため、多くの人々が自分の福音を聞くことを望んでいた。そしてその指図を受けて旅立とうとする弟子たちにこう言った。
「汝等《なんじ》、異邦人の道に行かず、サマリヤ人の街にも入らず、寧《むし》ろ、イスラエルの迷える羊の家に行け。往《ゆ》きて天国は近づけりと宣《の》べ伝えよ」（マタイ、十ノ五―七）
取りようによっては、この言葉は自分の教えがユダヤ人たちだけを対象にして伝えられるべきであり、異邦人は除外せよという意味になる。弟子たちもそう受けとったにちがいない。そしてすべてにおいてイエスの布教方針に倣《なら》おうとした初期の旧弟子グループが、この時のイエスの言葉を思い出し、異邦人を信徒にすることに拘泥したとも考えられるのだ。
だが行動においてイエス自身はこのように狭量ではなかった。彼はユダヤ人の軽蔑《けいべつ》するサマリヤ地方の女にも話をきかせている。彼は人々に、石打ちの刑に会おうとした女のために弁解もした。もの言わず、ただ泪《なみだ》を流す娼婦を慰めた。当時のユダヤ人から賤《いや》しい職業と見なされていた収税人を自分の弟子にした。だからステファノ事件でエルサレムを追われた離散ユダヤ人たちが、このイエスのもう一つの姿を知ってユダヤ人たちの軽蔑する異邦人たちにもその福音を伝えたとしてもふしぎではないのだ。そして生前のイエスはたしかに律法も守り、神殿にも詣《もう》でユダヤ教徒の生活を送った。そしてユダヤの外へ出ず、ユダヤ人のみを相手におのれの思想を語った。だが他方、その行動においてはイエスはユダヤ教の律法を超えようとするものがあった。「人が安息日のためにあるのではない。安息日は人のためにあるのだ」という言葉は、愛のほうが律法よりも神殿よりも高いという彼の意志を示している。

その二つのイエスのいずれに倣うべきか。それによって、異邦人への態度も変ってくる。イエスの日常生活を見続けた旧弟子グループのある者たちは律法を守り、神殿に詣でた「ユダヤ教の枠内」のイエスに倣おうとし、離散した信徒たちはイエスの生前を知らなかっただけに、律法を超えようと生きたイエスの意志を受け継ごうとしたのである。

このことは、初期の原始キリスト教団には二つのイエス観が存在したことを我々に暗示してくれる。ユダヤ教の信徒として生活したイエスか、それともユダヤ教を超えるイエスか。この二つのイエス観がはじめは混乱しないで信徒たちに受け入れられたが、異邦人の問題を契機として分裂したと言ってよいのだ。

だからユダヤ教の完成者——つまり旧約の完成者としてのイエスをとるか、あるいはユダヤ教を超える愛のイエスをとるか、この二つが「異邦人問題」の問題とも言えるであろう。

分裂した二つのイエス観の右翼に依然として異邦人を受けつけまいとするエルサレ

ム教会の旧弟子グループの一部がいる。

中間には、このいずれにも共感を感じ、自分の態度を時と場合とに応じて変えるペトロたちがいる。なぜならペトロは離散した信徒たちに好意を持ち、コルネリオのような異邦人に福音を伝えるが、保守派から突きあげを受けると旗幟《きし》を曖昧《あいまい》にしたからである。そこに組織の指導者としてのペトロの苦渋と、同時に弱点がある。

左翼にはエルサレム教会と対抗しはじめたアンティオケ教会のポーロたちがいる。とりわけポーロの場合は長年の間、自分が学んだユダヤ律法の限界に苦しみ、それを超えるものとしてキリストを選んだからだ。律法を守ること、それは逆に罪を知ることである。律法に拘泥すること、それは逆に罪に際限なく縛られることにもなる。そう考えたポーロは律法を超えようとしたキリストこそ主なりと信じたのである。彼にとっては生前のイエスなどもう問題ではなかった。キリストのみが問題だったのだ。律法にこだわり、異邦人布教を拒絶しようとする者は彼にとって「にせ兄弟」（ガラテア書、二ノ四）にしかすぎなかった。

我々日本人にとって縁遠い「異邦人問題」もこのように原始キリスト教団における二つのイエス像の相剋《そうこく》と考えれば、問題はわかりやすくなる。

シリヤのアンティオケに来たバルナバがこの異邦人問題を解決するために強力な協力者として、当時、故郷タルソで独立して布教していたポーロを選んだことは前章でふれた。

〔註〕でのべるように異説はあるが、使徒行伝の記述を素直に信ずるならば、約一年、アンティオケの町でバルナバとポーロとは手をたずさえて伝道を続けた後に、聖都エルサレムにのぼることにした。異邦人問題について弟子グループと話しあうのが本当の目的だったが、名目は四六年頃からパレスチナで深刻化した飢饉《ききん》のため、経済的に窮していたエルサレム教会に義捐金《ぎえんきん》を出すことにした。こうした寄附によって弟子グループの好意を得、友好的に話を進めることをバルナバとポーロは作戦的に有利と考えたのであろう。

使徒行伝は、こうしてエルサレムに上ったポーロがこの時、異邦人問題の解決よりは、むしろ、かつて迫害者だった自分をキリストの使徒として認めるよう運動したように書いている。最初は彼の本意を疑った旧弟子たちもバルナバの説明をきき、またエルサレムでのポーロの布教ぶりをみて、仲間の一人として容認するに至ったという。

一方、ポーロ自身の書いた書簡ガラテア書によれば、この時ポーロは保守派の弟子グループに挑戦するように、割礼を受けていないチトというギリシャ人信徒を連れていった。この行為は一部の「にせ兄弟」の怒りをかい、非難を受けたが、ペトロ、ヤコブ、ヨハネという指導者たちの支持を受け、今後もエルサレム教会に義捐金を続けることを条件として異邦人布教を認められたと書いている（ガラテア書、二ノ一—十）。

こうした二つの記述の食いちがいのいずれが正しいかはわからないがこの二つの記述から浮びあがる状況は、異邦人問題をめぐってポーロと保守派の弟子たちとの間にかなり論争がかわされ、紛争を避けるためにペトロとヤコブとヨハネとが曖昧な妥協案を出したことを暗示している。

妥協案は今後も義捐金、あるいは献金をエルサレム教会にアンティオケ教会が出すことで、これによって後者の前者にたいする従属性をみとめることだった。その代りアンティオケにおける布教は容認された。だが肝心の異邦人問題は具体的に何ら解決されず、曖昧なまま見送られた。

行伝とガラテア書が記述しているこの会合の部分を併読すると、この時のポーロとペトロたちの対立やそれぞれの性格がおのずと浮びあがってくるような気がする。ユダヤ教教師《ラビ》の教育を受けたポーロの巧みな弁舌の前にはガリラヤ漁民出身であるペトロたちはとても歯がたたぬ。先のアグリッパ王の迫害でエルサレムを逃亡したペトロはこの時、熱《ほとぼ》りのさめたのを知って一時、聖都に戻っていたのであろうが、ふたたび律法無視問題でユダヤ教徒の怒りを引き起すことを憂慮して烈《はげ》しい性格のポーロをなだめにかかったのであろう。イエスの従兄弟《いとこ》ヤコブも、これ以上混乱が生じることは得策でないと感じ、ヨハネと共にペトロに同調した。要するに彼等三人はポーロをもて余したのである。

だがポーロはポーロでこのペトロたちの態度を自分の考えに同意したものと勝手に受けとった。激情家で烈しい性格の男はともすれば、すべてを自分に都合よく考える傾向があるのだ。

「(教団の)柱とも見えたるヤコブとケファ(ペトロ)とヨハネとは」とポーロは誇らしげに語っている。「我に賜わりたる恩寵《おんちょう》を弁《わきま》えて、一致の印として交わりの手を我とバルナバとに与えたり。是《これ》、我等は異邦人に至り、彼等は割礼ある人々に至らんためなり」(ガラテア書、二ノ九)

ユダヤ人の場合、手をさしだすのは和解をあらわすが、右手を出すのは目上である。ポーロがこの時、交わりの手とわざわざ強調したのは、彼が、異邦人問題はペトロたちと自分との間で対等に解決したと信じたからである。自分やバルナバは割礼をしない異邦人を相手に布教し、ペトロたちはユダヤ人を対象に布教する――そのように仕事の分担が決り、彼我に優劣はないと考えたのである。

おそらく、これはポーロの誤解だったろう。そうした確約を使徒たちが公認したのではないのに、ポーロがそう錯覚したのであろう。だが非は必ずしもポーロだけに求められるべきではない。ペトロたちの曖昧な態度にも責任の一端があるようにみえる。

使徒行伝の記載順序に従うならば、このエルサレム会合のあと、アンティオケに戻ったポーロとバルナバとは第一回の大きな伝道旅行に出かけることとなる。エルサレム教会が異邦人布教を許したという二人の報告を受けたアンティオケの信徒たちはこれに力を獲《え》て、ひろく各地に積極的に伝道を行うべきだという結論に達した。バルナバとポーロとは、教会での仕事から解放され、その代り、近隣の国々に向って旅だつことになった。

この第一回の伝道旅行については使徒行伝のみが報告していて、肝心のポーロはその書簡で何も語っていない。ためにこの記述は、行伝の作者ルカの創作であると言う学者もいるが、その説を裏打ちする確実な証拠もないのである。

行伝の記述したこのポーロ第一回の伝道旅行の面白さは彼等がどこどこを回ったかという旅程でもなければ、布教の成果でもない。この旅を通して浮びあがるポーロのあま烈しい性格と、その姿とである。ともすれば弱いペトロにくらべ、このポーロのあまりに強いイメージである。

ポーロとバルナバとはこの旅の助手としてバルナバの従弟《いとこ》でエルサレムから連れてきたマルコという男を選んだ（このマルコはかつてイエスがゲッセマネの園で捕縛された時、「亜麻布を捨てて素裸のまま逃亡した」〈マルコ、十四ノ五十二〉マルコかもしれない）。

三人は海をわたり、バルナバの故郷であるキプロス島にまず渡った。ローマのガラテヤ州の植民都市、アンティオケ（シリヤのアンティオケとは別の町である）も訪れた。コニヤやルステラの町もまわった。

旅は決して楽ではなかった。彼等は各地方の主だった町をえらび、安息日に町のユダヤ教会堂《シナゴーグ》の自由発言に加わるという布教方法をとった。会堂にはユダヤ人だけでなく、ユダヤ教に関心を持つ異邦人たちも来ていたからである。

ポーロは到《いた》る所で割礼を受けぬ異邦人もキリストを通して、神の救いを受ける権利があると主張した。そのポーロの発言やその律法無視の態度は異邦人を悦《よろこ》ばせても、ユダヤ人たちの怒りをかうことになった。

烈しいポーロの挑発的行為はさすがに同行者バルナバを不安にさせたにちがいない。バルナバだけでなく二人の供をしたマルコもたじろぐものがあっただろう。

マルコはポーロの不屈の信念、あるいはその烈しい性格に耐えられなくなったためか、旅行の途中、脱落する。ポーロはこの男の脱落に不快と軽蔑の気持を抑えることはできなかった。なぜならその後、第二次伝道旅行の折、彼はマルコと同行することをバルナバに拒んでいるからである。

異邦人布教についてはエルサレム教会から全権を委任されたと思ったポーロは到るところで追われ、時にはユダヤ人たちから石打ちの私刑を受けた。だがそのポーロは怯《ひる》まない。かつて離散した信徒を烈しく迫害したこの男は、今度はユダヤ人の迫害にも決して退かなかった。

そのような強烈な男と旅を続けるバルナバの気持を行伝は勿論《もちろん》、語ってはいないが、おそらく彼もまた、エルサレムにおけるペトロと同じようにもて余したことだろう。一方、ポーロもまた「善人」でありすぎ気の弱いバルナバに幻滅を感じたかもしれぬ。くるしい旅を続けた後、アンタリヤで船に乗り、帰路についた時、二人には出発前とちがった感情の微妙な行きちがいのあったことは想像できるのだ。

こうして烈しい男ポーロと善人バルナバがアンティオケに戻って間もなく——おそらく四八年か四九年、アンティオケ教会でふたたび異邦人問題がむしかえされた。エルサレムからアンティオケにやってきたユダヤの信者たちが騒ぎだしたのである。

彼等は異邦人たちがキリスト教団に入るにあたっては、割礼を受けねばならぬと迫ったのだった。ポーロとバルナバとは彼等と論争をくりかえしたが、結論をえない。

ポーロたちは今度こそ、この問題に決着《けり》をつけねばならぬと考えた。でなければエルサレム教会とアンティオケ教会との相互の理解は根本的に成立しない。

二人はアンティオケ教会を代表してサマリヤを通って聖都にふたたび上り、弟子グループと討論することになった。世にいう「エルサレム会議」がこれである。〔註〕

だが会議という名はあまりに大袈裟《おおげさ》である。それはむしろ「寄りあい」と言ったほうが相応《ふさわ》しいかもしれぬ。私にはエルサレムのうすよごれた町のなかの信者の家でポーロやバルナバを囲んだ旧弟子たちや信徒代表が床に坐《すわ》り、柱にもたれている光景が眼に浮ぶ。

行伝に従うとまず、冒頭、ポーロとバルナバとが口を切った。アンティオケでの布教の成果がどのように目ざましいかを報告した。

報告が終った時、機を窺《うかが》っていた反対者たちが非難をこめた口調で発言した。反対者たちはかつてパリサイ派だったが、今はキリスト教徒に改宗した人々である。彼等は異邦人が教団に加わるためには、まず割礼を受けねばならぬ、そしてユダヤ人と同様にモーゼ以来の律法を生活の上で守らねばならぬと強く主張した。

当然、ポーロと彼等との間に激烈な論争がかわされた。両者の主張は平行線をたどり、遂《つい》にペトロやヤコブのような指導者が裁定せねばならなくなった。立ちあがったペトロは人々の注目のなかでポーロを擁護した。彼は自分が異邦人の百卒長コルネリオを改宗させたことを皆に思いださせ、「自分たちの先祖も自分たちも背負えなかったような軛《くびき》を異邦人の頸《くび》に負わせるのか」とまで言ったのである。

反対者たちがこの結論に一時沈黙した時、ヤコブが妥協案を持ちだした。ヤコブはむしろ反対者の意見に近かったが、両者を調停するため、異邦人たちが次の条件を守るならば教団に入れようと提案したのである。その条件とは⑴偶像に供えたものと、動物の血や肉を口にしないこと、⑵不品行をつつしむこと、の二つだったという。

これが使徒行伝の記述している「エルサレム会議」の経過である。だがそれは現代の我々日本人には何と縁遠い出来事だろう。我々には割礼の問題は実感がないし、またそれが当時のユダヤ人たちにとってどんなに重大なこととかは理解しても、そこに入りこむことはできぬからだ。また聖書学者たちが、あるいはこのヤコブの提案は会議中ではなく、会議後、ポーロがエルサレムを引きあげてから採択されたものであるとか、この提案は創世記九章に書かれている、神がノア（ノアの箱舟のノア）に啓示した戒律なのだと説明をしてくれても我々には格別な興味も起きない。

にもかかわらず、この会議はもし別の面から照明をあてるならば、関心をひくものになる。別の面――それは使徒行伝が省略したか、書かなかった部分なのである。たしかに会議は「割礼を受けていない異邦人を信徒として認めるべきか」という問題を中心に討議されたであろう。だがそれだけではなかった筈《はず》だ。派生した他の議論も烈しくくり展《ひろ》げられたにちがいないのだ。

状況を想像のなかで再現してみよう。まずポーロとバルナバが得意気に、また自分たちに有利な雰囲気をつくるためアンティオケの布教成果を誇示する。その報告が終ったあと、批判と非難の声が起きる。

「どうして割礼を受けぬ異邦人たちを信徒として認めるのか」

反対者たちはそう叫ぶ。そうだ、割礼はたんなる慣習や形式ではない。それは神がユダヤ人だけを自分の民として選ばれた契約の徴《しるし》なのだ。「神はアブラハムに言われた」とイザヤ書はのべている。「男子は皆、割礼を受けねばならぬ。これは私とお前たち、及び後の子孫との間の契約であって、お前たちが守るべきことなのである」と。ポーロたちは今その神の言葉を冒瀆《ぼうとく》しようとしている。神とユダヤ人との神聖な契約を踏みにじろうとしている。

反対者のこの主張にポーロは実に巧妙な反駁《はんばく》をする。「たしかにアブラハムは神からその契約の声をきいた。しかしアブラハムはその前から神の義を守る義人と言われた人である。彼が義人だったのは割礼を受けたためか。そうではない。割礼を受ける前から義人だったのだろう」

だから「割礼があってもなくても、それは問題ではない。大事なのは神の戒めを守ることである」（コリント前書、七ノ十九）。したがって神は割礼を受けているユダヤ人だけではなく、割礼を受けぬ異邦人にとっても神である。「無割礼の者も信仰ゆえに信仰者とされるのである」（ロマ書、三ノ三十）

我々はこれらの反駁の言葉をポーロ自身の書簡のなかから引用しているのだが、この「エルサレム会議」でもたしかに彼は同じ論理を使った筈だ。そして反対者の非難が割礼からポーロの律法軽視に向けられた時も、次のようにたくみに抗弁したであろう。

「もしあなた方が律法を行うなら、なるほど割礼も役に立とう。しかし律法を犯すなら、折角の割礼も無割礼と同じだろう。だからもし逆に、無割礼の者が律法を守るなら、無割礼は割礼と見なされるではないか。同じように律法を持たない異邦人が、自然のままで、律法の命じることを行うなら、たとえ律法を持たなくても、彼等自身が律法なのではないか」（ロマ書、二ノ十四、二十五―二十六）

ここでポーロはそれまでの巧妙な論争術的な論理を捨て、真剣に自分が律法についての考えていることを心から披瀝《ひれき》したであろう。彼は反対派が非難したように律法や戒律を無視したり軽視したりしているのではない。かつて彼もまた必死になって律法を学んだ烈しいユダヤ教徒の一人だったのだ。しかしその結果、律法や戒律は自分に救いの悦びを与えてはくれず、逆に人間のどうにもならぬ悲しさしか教えてくれなかったことを語ったであろう。

「律法がなければ、私は罪を知らなかった。律法が『むさぼるな』と命じなかったなら、私はむさぼりという罪を知らなかっただろう。だがその戒律ゆえに罪は私の心に浮び、あらゆるむさぼりの心を起させた」(ロマ書、七ノ七―八)

烈しい男ポーロにとってはこれは心からの告白だったにちがいない。律法は彼を無垢《む く》な世界にはつれ戻してくれなかった。逆にその戒律によって罪の匂《にお》い、罪の名を次々に教え彼を苦しめるにすぎなかったのだ。そこに律法の限界があった。

何と人間は辛《つら》いものだろうとポーロは心底から人間の業《ごう》を訴えているようである。我々が誰かのために善きことを行おうとする。だがその善いと思ったことが、実は自分の独善であり、相手を深く傷つけていることに気がつかない。誰かを救おうとして、それが相手を悲惨にしていることがわからない。

我々が人生で味わうこの辛さを律法や戒律のなかにこめてポーロは律法の限界を主張する。
「すなわち、私の欲している善はしないで、欲していない悪を行っているのだ」（ロマ書、七ノ十九）
この会議でも彼が身をもって味わった律法の限界を体験に即して語ったか、どうかはわからない。しかしロマ書に書かれたこれらの考えはペトロもヤコブも聞いたであろう。他の弟子たちもポーロに反対する人々も耳にしたであろう。律法だけでは人間は救いの悦びには至らない。人間の業と原罪とは戒律や律法でおのれを縛りつけても、その束縛によってかえって罪の臭気を発散するのだ。ポーロはそれを自分の苦しみと体験によって熟知していたのだろう。「私は何というみじめな人間だろう」と後に彼は書いている。「誰がこの死の体から救ってくれるのだろう」（ロマ書、七ノ二十四）
呻《うめ》き声に似たその言葉を彼がこの討論の場所で自分を見まもる弟子グループの人々に発したか、どうかはわからない。だが誰がこの死の体から救ってくれるのだろうかという問いにポーロはそれがほかならぬキリストだと言ったであろう。
ここから——そう、ここから弟子グループとはちがった彼のキリスト論が展開される。律法は人間を出口のない迷路に導く。罪から逃れようとして戒律と律法を守っても、石を投じた水の波紋のように次々とあたらしい罪が拡《ひろ》がっていく。そこに人間の業の哀《かな》しさ、原罪の苦しみがある。その人間を原罪から解き放つもの――それがほかならぬ「神の子」キリストなのだ。神は自分と人間とを和解さすためにキリストをこの世に生かし、そして十字架で死なせたのである。キリストはそういう意味で贖《あがな》いなのだ。

もし、ポーロがこの烈《はげ》しい討論の席上で、割礼や律法の問題から当然、たどりつかねばならぬこのキリスト論にも言及したならば（勿論、使徒行伝やポーロの手紙はそこまでは語っていない。しかしそれらの資料に記述されていないとは言え、会議の重大性から見てポーロが自分の律法論やキリスト論に口を閉ざしていたとは私にはどうしても考えられないのである）、我々にとって縁遠く、距離感のあるこのエルサレム会議もあたらしい角度から照明を当てねばならない。それはポーロのキリスト観と弟子グループのキリスト観との対決の場所だったとも言えるからである。

〔註〕このエルサレム会議とそれ以前のポーロとバルナバとのエルサレム訪問とを我々は使徒行伝の記述に従い、別なものとして書いた。だが今日の聖書学者たちには、この二つは同一であると考える人も多い。だがその反対論者もいるので私

は一応、行伝の記載に素直に従うことにしたのである。

弟子グループとポーロとのちがい。

第一に考えられることは弟子たちは生前のイエスと生活を共にし、その姿を見、その言葉を聞き、その行動を知っていた。私が『イエスの生涯』で力説したように弟子たちはそのイエスを本当は理解もせず、自分たちの勝手な夢を托《たく》したにせよ、ともかくも彼等はイエスと実人生で交わったのである。実人生で交わったゆえにその思い出はなまなましく彼等の心に残っていた。

だがポーロは生前のイエスを知らぬ。生前のイエスを見たことはない。その話も直接聞いたことはなかった。

だから弟子たちにとっては「キリスト」以前の「イエス」はどうしても忘れがたい存在だったのに、ポーロはイエスにたいしてその死と復活の意味以外あまり関心がないように見える。彼には「イエス」よりも「キリスト」のほうが重大だったのである。あえて言うならばポーロはナザレ人《びと》イエスがその短い生涯の間、どのように生きたかよりは、何故《なぜ》、十字架にかけられ、復活したのかに心のすべてを注いだのだと言ってよいかもしれぬ。

したがって、そこから今世紀の聖書学者がしばしば問題にしているように「イエスの教えと、ポーロ神学の影響をうけたキリスト教とは実は別なものではないか」という疑問も起きてくる。ポーロは実際のイエスではなく、彼自身の苦しみ――律法の限界から人間を解放してくれ、神と人間を和解させるものとしてキリストを信仰した。だから、そのキリストは実際のイエスの教えとは開きがあるのかもしれぬ。そのためヴィリアム・ヴレーデのような学者が「ポーロはイエスの神学的解釈者で、後継者である」というそれまでの考え方を捨て、ポーロは「人間イエスとはまったく無関係に成立した理念でイエスを理解しようとした」と考える理由も起きるのである。

だが私が『イエスの生涯』やこの第一章で書いたように、弟子たちもポーロと同じようにイエスの死に衝撃を受け、それを生涯の問題にしたのである。あの人のように愛そのものだった人がなぜ、むごたらしい屈辱的な死にざまをせねばならなかったのか。神はその時なぜ、沈黙を守っておられたのかという疑問は弟子たちの心をゆさぶった。彼等はそのイエスを裏切った卑怯者《ひきょうもの》であり弱者だっただけに、うしろめたさと後悔とは何時《いつ》までも残った筈である。

イエスは何故、死に、神は何故、黙っておられたか。ポーロが問題にしたこのテーマを弟子たちもそれ以前から一生の問題にしていた。だからポーロは人間イエスから全く影響を受けなかったとも言えないであろう。ただ弟子たちはこの疑問をユダヤ教の預言者たちの言葉のなかで解こうとした。言いかえるならばユダヤ教の枠のなかでイエスの死の問題を解決しようともがいたのである。

だがポーロはたびたび繰りかえしたようにユダヤ教の枠から超えた形でこの疑問にぶつかろうとした。彼自身、律法の限界に烈しく苦しんだからである。

ユダヤ教の枠内でのキリスト論とユダヤ教を超えた次元でのキリスト論――この二つが対立し、激突したのがエルサレム会議である。それは使徒行伝やガラテア書がわずかにしか触れていないこの会議の重要な意味を我々に教えてくれる。エルサレム会議は我々には縁遠く興味もない「割礼」を論じただけではない。あたらしいキリスト論がユダヤ教の枠内でのキリスト論という殻を破り、生れようとした場所――それがこのエルサレム会議だった。

もし、ポーロがこの席上でその信ずるキリスト論をのべたとするならば、それをペトロたち旧弟子グループはどのような気持で聞いたであろう。

ガリラヤの漁師出身の彼等にはたしかにポーロのように神学を創造する能力はなかった。彼等は師イエスの死の疑問を預言者の言葉からは解こうとしていたが、ポーロのようにその死の謎《なぞ》を明快に解く論理性は持っていなかったであろう。おそらく、その弁舌の前にペトロのみならずヤコブまでが圧倒されたことは想像できる。会議の方向が冒頭の烈しい反対派の主張にかかわらず、ポーロとバルナバとに有利に進んだのはおそらく、そのためでもあろう。

彼等はこの時、自分たちが長年、持ちつづけていたイエスの死の疑問に、別の角度からあたらしい照明と解釈とをポーロによって受け、目のさめる思いがしたかもしれぬ。

だが、すべての列席者がそうだったわけではない。反対派のなかには依然として釈然としない者たちもいたにちがいない。それはその後もこの割礼問題がむしかえされていることでもわかるのだ。

ポーロから言わせれば「にせ兄弟」であるこの人々が釈然としなかったのも一面、無理はない。ユダヤ教の信仰のエネルギイはある意味では異邦人、異民族に国土を蹂《じゅう》躙《りん》された彼等の苦悩から生れている。彼等はたえず異邦人を意識し、自分たちの誇りを守るためにもユダヤ教の神《ヤハウェ》を信じつづけてきたのだ。彼等がキリスト教に改宗したのもキリストこそ、そのユダヤ人の苦しみを理解していると信じたからであろう。その苦しみは異邦人にはわからない。恨みの根は深いのである。その考えにもとづいて彼等は割礼に固執した。恨みの根はたしかに深かったのである。

第九章　第二の分裂

私は先に、ポーロが突き破ろうとした割礼の問題などは日本人にとり、あまりに縁遠いと書いた。我々は当時のユダヤ人ではないし、彼等のように自分たちだけが神《ヤハウェ》に選ばれた民族であるという選民意識もない。またその選ばれたという徴《しるし》として割礼を行う伝統も持たなかったからである。

だが、割礼問題についてそのような距離感を持つ私でも、異邦人問題についてはやはり関心を持たざるをえない。それは私がまがりなりにも日本人のキリスト教信者だからであろう。少なくとも日本人とキリスト教というテーマを意識してきた小説家だからである。

日本人はユダヤから起り、西洋の坩堝《るつぼ》のなかで鍛えられたキリスト教にたいし、異邦人である。その血のなかに汎神《はんしん》的な傾向を持っている我々日本人が、一神論であるユダヤ教やキリスト教にある距離感をおぼえたとしても、決してふしぎではないのだ。

こうした日本人にたいして、日本に渡ってきたキリスト教が、あくまで西洋的な思考や感覚を押しつけるという過《あやま》ちを犯したことも また事実である。その過ちの経過をここにのべる必要はないが、長年その重くるしさのなかで生きた我々日本人信者が、ポーロとエルサレム教会のある人々との間にくり展《ひろ》げられた「異邦人問題」に無関心でいられる筈《はず》はない。イエスの教えはユダヤ人たちのためだけにあるのではなく、人間すべてのためにもあるのだと信じたのがポーロの信念である。それにたいし、キリスト教も、ユダヤの神《ヤハウエ》を信ずる以上は、自分たちユダヤ人に異邦人たちは同化すべきだと考えたのがエルサレム教会のある人々である。

詳細に論ずるのは避けるが、私の考えではポーロの信念は一面において強さを持ち、他面、弱点を含んでいる。キリスト、もしくはキリスト教を一民族の宗教から世界的なものにする最初の種を植えた一人として(それは往々、誤って考えられているようにポーロだけの功績ではない。ポーロ以前に、ステファノ事件のためエルサレムを追われたあまたの離散信徒《ディアスポラ》たちの努力のお蔭《かげ》でもあるのだ)、ポーロの貢献は強調しても強調しすぎることはないだろう。彼とその仲間の不屈の努力で、キリストとその教えはたしかに国境を超え、民族を超えたものになっていった。だがそれが普遍性を主張すればするほど、それぞれの異邦人たちの伝統や思考方法や独自の感性までも無視するという弱点を逆にそこに孕《はら》むようになる。このことはたとえば、十六、七世紀の日本の習慣や伝統的感情をともすれば軽視した日本切支丹《キリシタン》史の宣教師たちの悲劇をみてもわかるのである。

だが、だからと言って、異邦人布教を阻《はば》む厚い壁を生涯を賭《か》けて破ったポーロたちの業績が過小評価される筈はない。イエスの教えはこの人たちの闘いによって開かれた世界に向い、前進したのである。

「エルサレム会議」によって異邦人問題は一応、落着した形となった。一時的にもせよペトロとヤコブのような指導者たちが、ポーロの意見に同調したことが、原始キリスト教団の分裂を防いだのである。

だが、それだからと言って反ポーロ派の面々が心から納得した筈はなかった。炎は消えたが火は灰のなかでその後もくすぶりつづけた。会議中には渋々と沈黙を余儀なくされた保守派グループが自分たちの意見を全面的に撤回したわけではない。

おそらく、会議以後であろう。ひとつの事件が持ちあがった。これはその内容よりも、こうした状況におかれた指導者ペトロの苦しい立場と、弱きペトロと強きポーロとの性格の対比とをよくあらわした事件である。

アグリッパ王の迫害事件以後エルサレムの教会をイエスの従兄弟《いとこ》ヤコブに任せて、布教に専心することにしたペトロは会議のあと聖都を離れ、アンティオケにも姿をあらわした。ポーロやバルナバを中心とするこの異邦人の町での伝道の成果を自分の眼で視察し、この訪問によってエルサレム教会の権威をこの町の信者たちに示そうというのが、指導者ペトロの意図だったのである。

ペトロはたびたび書いたようにステファノ事件以来、離散信徒の業績に好意をもち、異邦人問題についてもポーロに近い考えを心では抱いている。その彼はポーロたちの熱意に共鳴し、アンティオケの町で異邦人信者とも交わり、そして彼等と共に食卓をかこむことを習慣にさえするようになった。

だが「共に食事をする」というのはユダヤ教ではたんなる友好的な行為以上の意味を持っていた。今日でも過越祭の折、イスラエルをたずねると、我々は宗教的儀式にも似た食事をイスラエル人の家庭でみることができる。原始キリスト教団でもイエスと弟子たちの最後の晩餐《ばんさん》の思い出があり、食卓を共にすることにはイエスの肉（パン）、イエスの血（葡萄酒《ぶどうしゅ》）を共に飲食するという宗教的な意味が加えられていた。

だからペトロが異邦人の信者と食卓を共にした時はポーロだけではなく、当の異邦人信徒たちは大きな悦《よろこ》びを感じたにちがいない。エルサレム教会の代表者が「割礼なき者」と食事をすることは、全面的に「割礼なき者」も教団に加えるという承認に他ならなかった。

このペトロの行動はただちにエルサレムに通報された。エルサレム教会の不満グループたちはこれを聞き、ペトロの行為を口々に非難しはじめた。「エルサレム会議」ではたしかに幾つかの条件で異邦人が信徒に加わることは認めた。認めはしたが、そのなかにはユダヤ人信徒が異邦人信徒と食卓を共にしてよいという条項はなかった筈である。ペトロはそのとり決め以上の行為を敢《あ》えてやってのけている。ポーロはポーロ、しかし自分たちエルサレム教会は自分たちの方針を守ってもらいたい。

不満グループのこの抗議を押えかねた指導者ヤコブはアンティオケのペトロに警告の使者を送らざるをえなかった。

自分の行動が思いがけなく、エルサレム教会で波瀾《はらん》を起しているのを知るとペトロは狼狽《ろうばい》した。「彼はエルサレム教会に従属する伝道団の指導者として、ヤコブのもとから来た人々にたいし、独立せるポーロよりも計り知れぬほど多くの困難な立場におかれた」とボルンカムは書いているが、ペトロはたしかにそのような苦しい気持であったろう。

彼はこの警告に負けて異邦人と食事を共にすることをやめた。ポーロの友人だったバルナバもこのペトロに同調した。現代の教会はこの彼の行為を何かと擁護、弁解はするが、やはりその弱さを否定するわけにはいかぬ。かつて彼は師と共に死ぬと言いながら、鶏が三度鳴いたあの黎明《しののめ》、イエスを否認したが、その弱い性格がふたたびこの時あらわれたと言ってよい。

当然ポーロは激怒した。ペトロの優柔不断を憤慨した。ポーロにはペトロの弱さが理解できず許せなかったのだ。

「ケファ（ペトロのこと）アンティオケに来《きた》りし時、咎《とが》むべき事あり……。そは彼、異邦人と共に食しいたれど、ヤコブの許《もと》より、人の来りたる後は割礼ある人々を憚《はばか》り、異邦人を離れたればなり。他のユダヤ人もこの行に同意せしかば、バルナバもまた誘われるに至れり」とポーロは後にその書簡のなかで烈《はげ》しく当時のペトロを非難する。

「かくて彼等が福音の真理に従いて正《まさ》しく歩まざるを見て我、一同の前にてケファに謂《いい》えらく。汝《なんじ》ユダヤ人にてありながら、ユダヤ人の如《ごと》くにせず、異邦人の如く行えるに、何ぞ異邦人を強《し》いて、ユダヤ人の習慣に従わせんとするか……」（ガラテア書、二ノ十一―十四）

異邦人と食事を共にするか、しないかということはポーロにとってたんなる習慣だけの問題ではなかった。律法を超えるものこそ福音であり、キリストの教えだと信じている彼には、この時のペトロが優柔不断な性格の持主だけではなく、(ポーロの考えている)信仰を裏切った偽善者にも見えたのだ。ポーロはエルサレム会議で自分に同調してくれたこのペトロも今は頼むに足りずという感を抱いたのである。

こうして、優柔不断な態度を見せたペトロがアンティオケを去ったあと、彼とポーロがふたたび出会い、和解したという記録は今のところない。だが記録がないからと言って両者が以後、袂《たもと》を分ち、冷やかな関係となったと言うのは極論だろうが、事件はその後も長く尾を引いたことは確かである。分裂はくすぶったまま、長い間教会のなかに統一的な見解を作りあげることなく放置された。エルサレム教会の保守派はポーロのキリスト教を全面的に承認しなかったし、ポーロもポーロで自分のキリスト教を固執して妥協しなかった。のみならず、エルサレムの弟子グループ――ペトロも含めて――はポーロの信仰の強さは認めても、そのキリスト教を信者たちに是正する必要さえ感じたようである。そのため両者は分裂したまま、それぞれのキリスト教を布教する結果になっていく。この事実が次のようなポーロの書簡の一節からはっきり窺《うかが》えるのだ。

「私が怖《おそ》れるのはエバが蛇の悪だくみで誘惑されたように(あなた方が)キリストにたいする純情と貞操とを失いはしないかということだ。というのはもしある人が来て、

私が宣《の》べ伝えもしなかったような異なるイエスを宣べ伝え……」（コリント後書、十一ノ三―四）

「あなた方がこんなに早く……違った福音に落ちていくことがふしぎでならぬ。それはある種の人々があなた方をかき乱し、キリストの福音を曲げようとしていることである」（ガラテア書、一ノ六―七）

「私が去った後、兇暴《きょうぼう》な狼《おおかみ》があなた方のなかに入り込んで来て、容赦なく群れを荒すようになることを私は知っている。また、あなたがたの中からも、いろいろ曲ったことを言って、弟子たちを自分のほうに引っぱり込もうとするだろう」（使徒行伝、二十ノ二十九―三十）

ポーロのこれらの言葉によると彼のキリスト観とは「異なるイエス」を宣べ伝える者がいるということになる。言いかえれば、当時の原始キリスト教団にはポーロのキリスト観とはちがったキリスト観があったこと、そしてそのキリスト観はポーロの眼から見れば「曲った」ものにほかならない。

ポーロとは別のキリスト観を持った人々。それをポーロはその手紙のなかで「ある人」と呼び具体的に誰を指すのか、はっきりとは名指してはいない。しかし、それがエルサレムの保守的使徒グループを指していることは明らかである。少なくともポーロのキリスト教とエルサレム教会のキリスト教とには食い違うものがあり、それがアンティオケ事件以後表面に露呈したようである。

くりかえすが、この事件と先に引用したポーロの言葉は我々にこの時期、原始キリスト教団にはまだ統一された確固たる教義やキリスト論が成立していなかったことを教えてくれる。教会はまだ共通した神学を持たなかったのだ。たしかに我々が書いてきたようにイエスはその死後、彼を信ずる者たちに「人の子」となり「神の子」となり「キリスト」に高められていったが、そのイメージに関しては、まだあるちがいのあったことを否定するわけにはいかない。

幾度も書いたようにイエスの弟子たちは「イエスとはどのような方だったのか」という問題を、あの衝撃的な十字架刑から根本的に考えなおしてみねばならなかった。人々にいかなる罪も犯さず、ひたすら愛そのもので生きた自分たちの師が、神から見《み》棄《す》てられ、最も屈辱的な死を与えられたのは何故《なぜ》か。それを彼等は必死で考えなければならなかったからである。

彼等がこの根本的な謎《なぞ》にたいして、どれほど確信ある統一した答えを見つけたかどうか、我々にはわからない。わかるのは彼等がユダヤ教の思考のなかで、預言者たちの預言を頼りとして懸命にイエスをキリストとし、その再臨を信じたことである。彼等はイエスの屈辱的な死はその赫《かがや》かしい再臨のための準備だと考えた。しかし、その相互関係を、はっきりした神学に高めるまでには至ってはいなかったであろう。

これにたいしてポーロは、イエスの弟子たちの疑問に深い、そして明快な神学的答えを提出したと言ってよい。

なぜならポーロもまた、イエスのむごたらしい死の意味を解こうとした点、弟子たちと同じ線《ライン》から出発したからである。ただ弟子たちが生前のイエスを問題にしたのにたいし、ポーロはイエスよりもキリストに関心を抱いたことはこれまで幾度ものべた通りである(ポーロがイエスにも深い関心を持っていたと言う学者もいるが、それを裏づける根拠は薄弱である)。彼がイエスの生涯で問題にしたのは、その死の意味と復活の秘儀なのだ。

まずポーロの心には律法にたいする絶望感があった。律法を守ることは自力で救われることとの自信に他ならぬ。だが彼は律法の限界と、律法にとらわれるゆえに、かえって罪の泥沼に陥《お》ちていく人間の業《ごう》を徹底的に知っていた。人間が自力では救われぬという絶望感も持っていた。

ではどうすれば人間は救われるのか。人間は自力救済の律法重視によって、かえって神から遠ざかっていく。それはちょうど泥沼のなかでおのれ一人でももがけばもがくほど、沈んでいくのによく似ている。逆にそのために人間は神から離れ、罪の沼に埋まっていったのである。

この時、ポーロは人間のどうにもならぬ神との分離に終止符をうったのが、キリストだと考えたのである。彼によればキリストを地上に送ったのはほかならぬ神であり、神は人間と和解するため、キリストを地上に生れさせ、罪もない彼を人間の身がわりとし、人間のすべての罪を彼に背負わせ、そして死を与えることによって、救いの道を開かせたのだと考えるに至った。

「あなたたちは、それまで罪のなかにあった」とポーロは書いている。「だが、神は私たちをキリストと共に生かし、私たちの罪をすべて許してくださった。私たちを不利にする証書を、その規定と共にとり消し、とり除いて十字架につけてしまわれた」（コロサイ書、二ノ十三―十四）

ポーロのこの犠牲と生贄《いけにえ》との神学を解説する余裕もないし、またそれはこの稿の目的でもない。だが神と人間との和解には、神の子イエスの死の犠牲が必要であり、イエスは人間の罪を背負う生贄の羊だったという答えを当時の原始キリスト教団にあって彼ほど、はっきり、うち出した者は他にない。エルサレムの弟子グループもおそらく心のうちで同じ考えを持っていたかもしれないが、まだそこまで大胆に神学的な主張はしていなかったであろう。その意味でポーロは、弟子たちのキリスト観を更に大きく、前進させたとも言えるのである。

人間の死を神への犠牲と生贄だと思う観念。これは勿論《もちろん》ポーロの独創ではない。ユダヤ教でも過越祭の日、羊を殺し祭壇に捧《ささ》げることで罪を償おうという儀式があり、それは今日まで続いている。旧約をひもとく時、我々はあちこちで、生贄と犠牲の話を読むことができる。たとえば列王紀下にはモアブの王が戦に勝つため、我が子を生贄として彼等の神々に捧げた話があり、また創世記にはユダヤ人がこうした人身をやめ動物犠牲にかえたアブラハムの話が語られている。レビ記には詳細にこの捧げものと動物の生贄の規定が載っているが、それを読むと生贄に捧げられた動物の血は「贖《しょく》罪《ざい》」の力を持つと信じられていたことがよくわかる。

長い間そうした旧約の預言に生きたユダヤ人たちにとっては生贄を捧げぬ祭祀《さいし》はなかった。また生贄と犠牲とが人間の罪を償うという感覚は彼等のなかで歴史的にも生き生きと続いていたのだ。ポーロはこの歴史感覚のなかから、十字架にかけられたイエスの死の意味を、人間と神との和解の生贄として見出《みいだ》すに至ったのである。そして彼の独自性は人間が神の怒りをなだめるためだけの従来の生贄の意味を百八十度、転換させて、神が人間の罪をゆるすために、わが子「キリスト」を地上に送り人間の罪をすべて担《にな》わせたと主張した点にある。

後にキリスト教の代表的神学になるこの「生贄と犠牲」の秘儀は、ある意味で、我々現在の日本人の感覚からみると、あまりに血なまぐさく、あまりに強烈すぎる。なぜなら我々日本人の宗教には生きた者の生命を生贄に捧げることを求めるような、すさまじい神はほとんどいなかったからである。我々日本人も勿論、神に何かを「捧げる」が、この「捧げる」という日本人感覚には「生贄」という要素は本質的には入っていない。我々は客をもてなすように、神に初穂や食べものを捧げる民族である。自分たちのすべての罪を償うために、ひとつの生命を殺し、その血で神に許しを求めるような「捧げかた」は日本人の宗教感覚に時には起っても本質的、正統的ではなかったのだ。

いずれにせよ、アンティオケ事件でペトロの日和見《ひよりみ》的な態度を見たポーロはもはや誰も頼ることのできぬのを知った。今は自力だけで異邦人の布教を行わねばならぬ。その自負と使命感とが勃然《ぼつぜん》として彼の心に起ったのもこのアンティオケ事件のあとだと思われる。

烈しい性格の彼は自力による壮大な伝道旅行を計画した。想像を逞《たくま》しくするならば、この時のポーロは依然として聖都にとどまり、異邦人にたいし、こだわりを持ち続けている弟子グループのエルサレム教会に対抗して、おのれの神学と信念とに基づいた世界的な教会を創《つく》ろうと考えたのであろう。それは「彼のようにその目標を遠くに拡《ひろ》げ、人の住む世界の果てまで福音を伝えようとした原始キリスト教団の伝道者を我々は他に知らない」とボルンカムが言う通りなのである。

世界の果てまで福音を伝えること――その企図にはあまたの困難と多くの障碍《しょうがい》が待ちうけていることも彼は勿論、知っていた。なぜならこの伝道旅行を阻《はば》むものは、たんにユダヤ教のユダヤ人や他宗教の信者だけではなかった。同じキリストを信じながら、しかしポーロと考えを異にする者も彼の布教の邪魔をするかもしれない。旅行は危険にみち、苦しいことはあきらかだった。

ポーロは慎重に同伴者を選んだ。第一次伝道旅行で彼と同行し、長い間友だったバルナバを彼は避けた。使徒行伝はバルナバが第一次伝道旅行の折、助手として連れた従弟《いとこ》マルコを伴おうとしたため、マルコを好まぬポーロと口論したと書いているが、理由はおそらく別のところにあったろう。バルナバはアンティオケ事件でペトロと同じようにエルサレム教会からの突きあげに怯《おび》え、異邦人から遠ざかっている。ポーロの眼からみると、この男も日和見主義の一人である。今度の大伝道旅行の同伴者とするわけにはいかなかったのだ。

彼が選んだのはシラスという男である。ポーロはユダヤ人だったがローマの市民権を持っていた。シラスもまたポーロと同じようにローマの市民権を得ていた（使徒行伝、十六ノ三十七以下）。ローマの市民権を持っていることは、この時代、危険の多い旅行ではこの上もない有利な条件である。その点も彼は充分、考慮したのであろう。

アンティオケから出発した彼等の旅程をたどることは日本人の我々にはむつかしい。我々は小アジアのことはあまり知らないし、彼等が訪れた町々は今日、廃墟《はいきょ》となるか、地図の上ではその名も変えてしまっているからである。（地図参照）

彼等は現在のトルコを地中海海岸にそっ

ポーロ第二次伝道旅行

た路《みち》をえらばず、その北部にひろがるアナトリア高原を西に進んだ。その最初の目的地は当時、ローマのアジア州の首都だったエペソだった。長い間ギリシャの都市だったこのエペソについて日本人の我々が知っているのはホメロスが住み、哲学者ヘラクレイトスが生れたということぐらいである。やがてローマの支配下におかれ、この町はポーロの時代でも二十五万の人口を持つ小アジア最大の都市であった。彼等がまずこの町を目指したのも当然である。

だが不運にもそこに行く道が閉ざされているのを知った彼等はルステラからガラテア（現在のアンカラ附近）をぬけ、エーゲ海に面したトロアスの町に向っている。途上、ルステラでポーロたちはテモテという若者を見つけ、この若者も自分たちの旅に連れていくことにした。ガラテアではポーロは病に伏したが、福音の種は少しずつ、その手によってまかれていった。

トロアスから船に乗った彼等はマケドニヤ地方のネアポリス（現在のカヴァラ）に上陸すると、イグナチア街道を通ってローマの植民都市ピリピに到着した。ある意味でこれは特記すべき出来事である。なぜなら、これが西欧の世界にキリスト教の種がまかれた最初の時だったからだ。

ピリピから彼等はギリシャに向う。地中海に面したテサロニケ（現在のサロニカ）、ベレア、そしてアテネ、コリントと長い旅は続く。ちょうどアンティオケを出発して大きな半円を描く旅になったのである。

あらかじめ覚悟していたとは言え、旅行は決してなまやさしいものではなかった。ピリピでは彼等は煽動者《せんどうしゃ》とみなされ捕えられて投獄されたが、ローマの市民権を持っていたため釈放された。ポーロも同行者シラスもこの市民権を持っていたことが良かったのである。テサロニケやベレアではユダヤ教の会堂《シナゴーグ》で説教をしたため、激昂《げっこう》したユダヤ教徒たちの暴行さえ受けそうになっている。ユダヤ教徒たちはローマの法務官にポーロたちがローマ皇帝以外にイエスとよぶ別の王がいると言っていると訴え出たのである。ポーロたちは一度は捕縛されたが、この町でできた友人が保釈金を払い、釈放された。

そうした障碍や事件がなければ、ポーロはギリシャに南下せず、更に西へ、西へと足をのばすつもりだった。その胸中にローマを含めて遠いスペインまでも目標として浮んでいたことが、彼の書簡からも窺《うかが》えるからである。

「私はあなたがたの所に行こうと企てたが今まで妨げられてきた……私の切なる願いはローマにいるあなたがたにも福音を伝えることなのである」（ロマ書、一ノ十三―十五）「そこで私はこの仕事をすませ……あなたがたの所を通ってイスパニヤまで行こ

うと思う」(ロマ書、十五ノ二十八)

ヨーロッパの果て、スペインまでキリスト教を布教する――この世界的な教会をつくるための大旅行は、行く先々の町の住民たちの抵抗やユダヤ教徒の迫害によって妨げられはしたが、しかし他方、ガラテアにピリピにテサロニケに小さいながらもやがて発展する最初の教会を作ることになったのだ。

ポーロの布教がほとんど不成功に終ったのは、同行者と別れて一人で訪れたアテネである。アテネでの布教の失敗について語る使徒行伝の記述は生き生きとして、事実をありのまま書いているように思われる。

その使徒行伝によると、ポーロは今まで何時《いつ》もやってきたように、まずユダヤ人の会堂《シナゴーグ》に行き、ユダヤ教徒やそこを訪れる異邦人と議論をした。更に彼は広場《アゴラ》に出かけ、そこに集まるエピクロス派やストア派の哲学者たちとも討論を闘わせた。

それはたしかに興味ある光景だった。それはギリシャ的な世界に、はじめて異質なポーロ神学の論理がぶつかった時である。神々の世界とただ一つの神の世界が激突した瞬間である。ヘレニズムとヘブライズムとが四つになって組みあった時である。

最初、広場《アゴラ》に集まったギリシャ人たちはこの見も知らぬユダヤ人の言うことがほとんど理解できなかったらしい。ポーロの口から出る「救い主《メシヤ》」の観念はユダヤ人や東方民族とちがってギリシャ人には伝統的になかったからである。まして「復活《アナスタシス》」という言葉の意味さえ、摑《つか》める筈《はず》はなかった。ただ知的好奇心に富んだ彼等は異国の宗教を説いているらしいこの奇妙な男が何を言いたいか知るため、ポーロをパンテオンに近いアレオパゴスの評定所に連れていった。

アテネを訪れる時、今日でもこの評定所の跡をたずねることができる。つよい陽光のなかで広場《アゴラ》の南側にあるこの跡にたたずむと、さまざまな職業のギリシャ人、哲学者、評定所の役人にかこまれて、必死に演説しているポーロの声がまだ陽光のなかに響いているような気さえするのだ。

この時のポーロの説教は行伝に記述されているが、ポーロは汎神《はんしん》的世界に住むギリシャ人に、いかに一神教であるキリスト教を伝えようか苦心していることがよくわかるのだ。「神はすべての人々に命と息と万物を与え……」と彼が話す時、これは汎神的なギリシャ人にも納得できる論理だった。「我々は神のうちに生き、動き、存在している」と彼が言う時、それはほとんど一神論とも汎神的とも区別つかぬ考え方でさえあったのだ。そこまでは彼の話を聞いていたギリシャ人たちも決して反対しなかったろう。

だがそこからその汎神的な考え方に一神論を導入せねばならぬ。ポーロはギリシャの詩人の言葉まで引用し、その厚い壁を破ろうとした。そしてキリストとその復活《アナスタシス》について語った。

復活の意味がわかった時、評定所に集まったギリシャ人たちは苦笑し、嘲笑《ちょうしょう》した。礼儀ただしい者たちは立ちあがり「この事については、いずれ、また聞くことにする」と言った。汎神的世界の厚い壁にポーロは遂《つい》に敗れたのである。「こうしてポーロは彼等のなかから出ていった」という使徒行伝の一行は、その時のポーロの無念やるかたない心中を伝えて余すところがない。

ポーロの伝道旅行記述のうち、このアテネの敗北を読むたび、日本人の信者である私はさまざまな思いにかられる。ギリシャ人と同じように、勿論、ギリシャ人と違った形であるが汎神的な世界に生き続けてきた日本人の我々が一神論のポーロ神学を実感をもって理解することが、いかにむつかしいか。いかに長い時間がかかったか。それを思いうかべると、このアテネにおけるポーロの記述は他人事ではないような気がするからだ。

アテネでの失敗のあと、ポーロはコリントに向った。彼はここで昔の自分と同じように天幕製造業を営んでいるアクラとよぶユダヤ人夫婦と知りあい、その家を宿舎として布教を開始した。例によってユダヤ人の会堂《シナゴーグ》で、そこに集まる人々と討論をするというやり方である。

このコリントでも彼はユダヤ教徒の怒りをかい、ローマ知事ガリオの法廷に連れていかれている。知事ガリオはイエスを裁いたピラトと同様、それはユダヤ人内部の問題だとしてとりあげなかった。

そのような迫害を受けながら、ポーロは一年半もコリントに滞在している。アテネの敗北にくらべ、コリントでその布教がかなりの成功を見たのは彼がアテネで相手にしたような知識階級よりも、貧しい階級の人々を対象にしたためであろう。ポーロは後に自分が改宗させたこのコリント信者のなかには男娼《だんしょう》、男色家、盗人、酔っぱらいがいたことを率直に認めている。イエスが常に人々から蔑《さげす》まれる者たちを追い求めたようにポーロもまた、この街で、みち足りた者よりは、みち足りぬ者を探し求めたようである。

このコリント布教で我々の関心をひくのは、ポーロがこの商業都市を去った後、彼が基礎をきずいた教会にはやくも内部分裂と派閥争いが起っている点である。内部分裂はポーロを快く思わぬ者、ポーロの考えを批判する原始キリスト教団の説教者が次々とこのコリントに来たために起った。これはポーロの神学がこの時期、キリスト教会のなかでは支持を受けるどころか、むしろ反撥《はんぱつ》をかっていた事実をはっきり示しているのだ。

たとえばポーロのあと、エジプトのアレキサンドリア出身のアポロというキリスト教の説教者がコリントにあらわれた。学識があり、弁舌も巧みだったこのアポロはたちまちにしてコリント教会の信者を魅了した。アポロがポーロとは違ったどのようなキリスト論を持っていたかはわからない。使徒行伝から推測すると彼は洗者ヨハネ教団からキリスト教に改宗したようである。いずれにせよ、雄弁なアポロの説教はアポロ派という派閥を作るに至った。

だが、もっと積極的にコリントでポーロの布教を批判した説教者たちもいる。彼等はポーロのあとに、おそらくエルサレム教会から推薦状をもらってきた説教者たちである。自分たちをペトロ派と称したこの人々は、ポーロの説教は本質的に間違ってはいないが、彼は生前のイエスを知らず、イエスから使徒としての訓練を受けていないのだと批判した。つまり、ポーロには福音を伝える客観的な資格も権利もなく、従ってエルサレム教会のペトロやヤコブ、その他の弟子たちとは同列に並べられないのだと言ったのである。

ポーロは後にこれらの非難にたいして、皮肉をこめて反駁《はんばく》している。「わたしはあの使徒たちにいささかも劣っていないと思う。たとい、弁舌はつたなくとも、知識はそうでない」(コリント後書、十一ノ五—六)。この皮肉な口調は言いかえればエルサレムの使徒たちは自分より神学的智識《ちしき》がないという当てこすりでもある。

ポーロには使徒の資格がないというエルサレム教会側の非難、逆に使徒には神学的智識がないというポーロの皮肉——それらを読む時、我々はイエスの弟子たちとポーロも実は人間的な弱さや嫉妬《しっと》心《しん》に苦しみ、たがいに争ったことを知って安心せざるをえない。それと共に、当時の原始キリスト教団にはまだ統一されたキリスト観やその教義がなく、各派がばらばらに自分たちのキリスト教を主張しあっていたことを知ることができるのだ。つまり、イエスがキリストになる過程にはさまざまの混乱した時期があり、そこに派閥的な争いが起ったことも否定できないのだ。

だがそうした聖者たちの人間的な争いやまだ統一されない教義をふくみながらも、キリスト教はその手を中近東から小アジアやギリシャ、小アジアやギリシャから、ローマに向って拡《ひろ》げていった。

第十章　すべての路《みち》はローマに……

コリントで約十八カ月、滞在したあと、ポーロが歩いた足跡を事実のままたどるのはむつかしい。この伝道旅行を記述している使徒行伝が例によって必ずしも正確にすべてを伝えていないからである。

だがいずれにせよ、彼はローマ帝国アジア州の首都エペソにおそらく五二年から五五年まで約二年半滞在し、その後、エルサレムの教会への献金募集のためマケドニヤやアカイアを歴訪したあと、聖都に向ったのであろう。

ほぼ七年間にちかいこの長期旅行はコリントを去ったあとも、決して楽なものでなかった。異邦人たちの嘲笑《ちょうしょう》、ユダヤ教徒たちの迫害、そして同じキリスト教徒の嫉妬《しっと》や妨害までが到《いた》るところで彼につきまとった。それだけではない、ポーロは時には獄に入れられ、鞭《むち》うたれ、死刑宣告の恐怖さえ味わわねばならなかった。ポーロ自身それを述懐して、自分はエルサレム教会から派遣されたいかなる布教者よりも、もっと辛《つら》い目に会ってきた、と告白している。

「私は（彼等以上に）投獄され、鞭うたれ、死に面してきたのだ。ユダヤ人から四十に一つ足りぬ鞭をうけたこと五度、ローマ人に鞭うたれたこと三度、石で打たれたこと一度、難船は三度、そして一昼夜は海の上を漂った。幾度も旅し、川の難、盗賊の難に会い、同胞から苦しめられ、異邦人から苦しめられ、都会に苦しみ、荒野に苦しみ、海に苦しみ、にせ兄弟に迫害され……眠れぬ夜を幾たびも送り、飢え、渇き、食わざることもたびたびあり、寒さに凍え、裸でいたこともあった」（コリント後書、十一ノ二十三―二十七）

迫害をひとつひとつ誇らしげに数えあげたこの述懐にはポーロの倨傲《きょごう》な性格がよく、あらわれている。このような告白をする人間はおそらく烈《はげ》しい自尊心と闘争心の持主である。それゆえにまたその信念は強く、その信仰も強かったのだ。おそらくこうした性格ゆえに彼はバルナバと別れ、ペトロと争ったのだが、しかしまた、その性格ゆえに七年間にわたる苦しい伝道旅行もやりとげられたのである。だが逆にこの彼の性格のために傷つけられた善意の人たちも多かったのではないだろうか。

コリントから彼が渡ったエペソはギリシャ時代からの古い都市である。そこにはギリシャの女神アルテミス（ローマ風に言えばディアナ）を祭った華麗な神殿があり、隕石《いんせき》を女神にみたて、市民はそれを礼拝し、奉仕していた。ギリシャ人たちだけでなく周辺の民族のなかにもこの女神を拝むため、巡礼してくる者は多かった。巡礼者たちは女神に捧《ささ》げる小さな神殿とライオンの模型を買い、それを奉献する。

エペソの町でキリストの福音と復活とを説くポーロは当然この神殿を崇《あが》める市民の烈しい憎しみをかった。使徒行伝によれば迫害は宗教的対立というより、神殿の銀細工職人たちがポーロの布教で自分たちの商品が売れなくなることに不安を感じたことから始まった。デメトリオという職人が仲間を煽動《せんどう》し、興奮した職人たちはまずポーロの二人の弟子を捕え、町の大劇場で抗議集会を開いた。これに群衆が加わった。騒動はこうして起ったのである。

エペソの町は混乱に陥り、「大いなるかな、エペソ人の女神アルテミス」と怒号する群衆の声は二千五百人を入れる大劇場をゆるがせた。怒りはポーロやその弟子たちだけでなく、この女神を信仰せぬユダヤ教徒たちにまで向けられた。

急を聞いて駆けつけたポーロは、師に危険の及ぶことを怖《おそ》れた弟子たちによって劇場に入ることを妨げられた。二時間続いたこの騒ぎは市の書記役の努力でようやく、おさまった。

この日からエペソ市民のポーロたちにたいする圧迫は日を追って強まった。危険を感じたユダヤ人たちはポーロが自分たちの会堂《シナゴーグ》で説教することを許さなくなった。ためにポーロは仕方なく個人所有の講堂で自分の信仰をのべねばならなくなった。

行伝はこの事件しか伝えていないが、ポーロ自身の書簡によってもっと烈しい迫害がエペソ滞在中のポーロたちに加えられたことがわかる。先ほど引用した「私は投獄され、鞭うたれ、死に面してきたのだ」という言葉ではじまる彼の述懐はおそらくこのエペソ布教時代の出来事だと考えても差支《さしつか》えはない。ユダヤ教の教徒からも彼は鞭うちのリンチに会い、また、ローマ兵の監視のもとに投獄されたこともあり（ピリピ書、一ノ十三）、更に、同じキリスト教徒であるにかかわらず、彼の神学に反対する「にせ兄弟」からも迫害されたことは、その述懐通りだったのである。

強きポーロは屈しなかった。「兄弟たちよ」と彼は書いている。「わたしたちがアジアで会った艱難《かんなん》を知らずにいてもらいたくない。わたしたちは極度に耐えられないほど圧迫されて生きる望みさえ失ってしまい、心のうちで死を覚悟し、自分自身を頼みとしないで、死者を甦《よみがえ》らせる神を頼みにするに至った」（コリント後書、一ノ八―九）

迫害を受ければ受けるほどポーロとその弟子はイエスの死の苦しみを思い、その復活を考えた。けだしポーロにとってイエスの生涯のうち、その死と復活とだけが問題だったからである。迫害を受ければ受けるほど、彼等の信念と信仰は燃えあがった。

と同時に、その神学もまた、自分たちの体験によって深まっていった。ポーロの神学はこの戦いと苦しみとのなかで、外から圧迫を受けつつ、内から自らを形づくりながら成長した。

不屈の信念とその努力が少しずつその成果をみせはじめた。踏まれても踏まれてもその畠《はたけ》に種を植えるポーロの強さがこのエペソを中心とするローマ帝国アジア州やエーゲ海の両岸で少しずつ信者をつくり、教会を建てさせた。

だがポーロの強さはそれだけではない。彼はおのれの企てたこと、夢みたことはどんな障碍《しょうがい》があってもやりとげる強靭《きょうじん》な男である。かつて彼はステファノ事件でエルサレムから追われたキリスト教信徒をどこまでも追跡する烈しさを持っていたが、その執拗《しつよう》さが今、この布教でも形をかえてあらわれる。ポーロは小アジアでの成果だけに満足はしなかった。世界の果てまで――つまり彼にとってはローマからスペインまで自分の信仰を伝えること――それが夢だったのである。彼は欧州の半ばを我が物にしたローマ帝国に拮抗《きっこう》して、自分の信仰の国、神の国の版図を同じように拡《ひろ》げる野望家でもあったのだ。

ポーロがエペソで苦闘していた五二年から五五年、ローマでは皇帝アウグストゥスの孫であるネロが敵対者を次々と倒し、五四年、皇帝の座についた。そしてエルサレムから遠く離れたそのローマにも、数多くはないが、当時既にキリスト教信者がいたのである。これらの信者がいつ頃から、どうして出来たのかは我々にはわからない。おそらくそのなかにはステファノ事件で追われ、ローマに向った離散信徒《ディアスポラ》もいたのかもしれぬ、アンティオケやポーロが布教した小アジアやギリシャの町から移った信者もまじっていたのかもしれぬ。ポーロの方針は原則としてまだ信者や教会のない布教未開拓の場所に伝道することだったが、それでもローマでの布教を考えたのは、この都がローマ帝国の首都だからだけではなく、彼の夢想する神の国の中心地になると考えたからである。

「わたしはあなたがたの所に行くことを、たびたび妨げられてきた」とポーロはそのローマの信者たちに手紙を書いた。「しかし、今ではこの地方にはもはや働く余地がなく、かつスペインに赴く場合、あなたがたの所に行くことを多年、熱望していたので――その途中、あなた方に会うことを……望んでいるのである。しかし、今の場合、使徒たちに仕えるため、わたしはエルサレムに行こうとしている。なぜならマケドニヤとアカイアの人々はエルサレムにいる聖徒のなかの貧しい人々を援助することに賛成したからである」(ロマ書、十五ノ二十二―二十六)

この手紙に書かれているようにポーロはローマに向って出発する前、聖都エルサレムを再訪問することをひそかに考えていた。そこには表向き、エルサレムにいる弟子グループへの献金（それはかつてのエルサレム会議で弟子たちとポーロとの間にとり決められた約束である）をすることが目的だったが、真意は別なところにあった。

彼は自分がエルサレムの弟子グループから良く思われていないことを知っていた。そのグループのなかには割礼を受けぬ異邦人を教団に加えることに不満を抱き、またポーロを使徒とみなさない連中のいることも承知していた。

特にコリントではエルサレムから派遣されたこれらの連中が、ポーロのキリスト教を間違った考えだと言い、またポーロにはイエスの弟子たちのような使徒の資格がないのだと主張している。自分のキリスト教と自分のキリスト観に強い信念を持つポーロはこれらの「にせ兄弟」と戦ってはきたものの、本心ではエルサレムの弟子グループから離脱する気持はなかった。コリントでのような内部の醜い争いをくりかえせば、今後の布教の上でも支障のあることも今の彼は充分、承知していたのである。できれば弟子グループと自分の教団との間に根本的な一致を見つけ、和解することが望ましい。ローマに向うにあたってその和解と一致を見つけておかねばならぬ、というのがこの時期の彼の考えだった。

だがこの彼の申込みをエルサレムの弟子グループが受けるか。その点についてポーロもポーロの仲間たちも不安だった。仲間たちはむしろポーロがエルサレムに行かぬようにしきりに忠告した（使徒行伝、二十一ノ四）。彼等はエルサレムで律法を軽視するポーロが保守派のキリスト教徒やユダヤ教徒たちの怒りをかうのではないかと案じたのである（使徒行伝、二十一ノ十—十二）。

　ポーロ自身もこの不安をかくしていない。彼はローマの信者たちに宛《あ》てた手紙で次のようにのべている。

「わたしがユダヤにいる不信の徒から救われ、そしてエルサレムに対する私の奉仕が、長老たちに受け入れられるよう……祈ってほしい」（ロマ書、十五ノ三十一—三十二）

　ともかくポーロとその仲間たちは五六年の春、エルサレムに向って出発した。彼等はエペソから南下して、ロドスを経てパタラに行き、そこから船にのってキプロス島のそばを通りながら、カイザリヤに行った。カイザリヤではかつてステファノの仲間であり、異邦人布教に力をつくしたピリポの家に泊った。

　カイザリヤから陸路、エルサレムにたどりついた彼等は、到着の翌日、使徒グループの指導者ヤコブを訪問し、持参した献金をおさめた。行伝にこの時、ペトロの名が書かれていないのはペトロがエルサレムから離れて独自の布教に旅だっていたことを示している。

ポーロたちが危惧《きぐ》していたようにヤコブはこの献金をそのままでは受けなかった。ヤコブはポーロの献金を無条件で受けることの危険性を知っていた。もし献金を受ければヤコブは教団内の反ポーロ派からの非難を受ける可能性もある。それほどポーロにたいする不満と怒りとはエルサレムのキリスト教団のなかでも強かったのだ。

「御承知のように」とヤコブはポーロに率直に警告した。「ユダヤ人のなかで（キリスト教）信者になった者は……みんな律法に熱心な人たちである。ところが彼等が伝え聞いているところによれば、あなたは異邦人のなかにいるユダヤ人一同にたいし、子供に割礼を行うな、またユダヤの慣例に従うな、と言ってモーゼに背くことを教えているという。……あなたがエルサレムに来たことは彼等もきっと聞きこむに違いない」（使徒行伝、二十一ノ二十—二十二）

自分たちが献金を受けるためにも打開策は一つしかないとヤコブは勧告した。それはポーロがユダヤ教の慣習に従っていることを皆の前でみせることだ、幸い、エルサレム神殿で四人の誓願者の満願の儀式が行われようとしているので、その儀式費用を引き受けてみてはどうか、とヤコブは勧めたのである。

日本人の我々にはわかりにくいが、これはユダヤ教徒の神殿奉仕の一つである。ユダヤ教には信者が一定期間、神《ヤハウェ》のためにある苦行（葡萄酒《ぶどうしゅ》を飲まぬ、鬚《ひげ》をそらぬなどである）を行ったあと神殿で小羊を奉献するが、その費用を他の信者が受けもつ習わしがあり、ヤコブはそれをポーロに勧めたのである。

提案をポーロは受け入れた。信念をまげたのではない。これくらいの妥協は彼の信念を損ねるものではないと思ったからである。ポーロはこの時、組織指導者としてのヤコブの苦しい立場も理解した。第一、このエルサレム訪問の目的は弟子グループとの和解にあった。この強い信念の持主は目的遂行のためには時として柔軟な態度をとるほど政治家に成長していた。

「わたしはユダヤ人にたいしてはユダヤ人になった。それはユダヤ人を（信者として）得るためである」と彼は言う。「律法の下にある人々にたいしては私自身、律法の下にはないが、律法の下にあるように振舞った。それは律法の下にある者を得るためである。律法なき人々にたいしては……律法なき者のようになった。それは律法なき者を得るためである。……すべての人々にたいして、わたしはすべてのものになった、それはあらゆる方法で何人かでも救うためである。福音のために、わたしはどんな事でもする」（コリント前書、九ノ二十―二十三）

こうしてヤコブの勧告に従って翌日から、彼は四人の苦行誓願者を伴い、毎日エルサレム神殿の門をくぐった。ポーロにとっては久しぶりにくぐる門である。神殿に詣《もう》でることは彼の信仰を決して裏切るものではなかった。ポーロが信仰するキリストもイエスと言われた時代、この神殿に幾度も詣でたからである。彼はユダヤ教徒の律法は無視したが、ユダヤ教の神《ヤハウェ》を無視したわけではなかった。

だが神殿の門を毎日くぐっていた時、ポーロがその後の自分の運命を予感したかどうかはわからない。また、この時、神殿詣でをすることをポーロに勧めたヤコブが、やがて起る事件を予知してポーロに神殿に行くことを勧めたのか、それとも、まったくこの事件とは無関係であったかもわからない。

いずれにせよ、ポーロがその費用を出す四人の信者の苦行が今日終ろうとした日に、問題の事件は起った。神殿に参詣《さんけい》するおびただしい人々にまじったポーロを一人の男が突然みつけたのである。彼はポーロをつかまえると群衆に叫んだ。

「この男は、いたる所でユダヤ人とユダヤ律法と神殿とを裏切ることを奨《すす》めている。その上、異教徒であるギリシャ人を神殿のなかに連れこんだことがあるのだ」

そう叫んだ男は行伝によるとエルサレムに居住する男ではなく、エペソの町で布教に来たポーロの説教を聞いたユダヤ教徒の一人だったにちがいない。彼は前日、エルサレムの市中でポーロがエペソから連れてきたトロピモという仲間と歩いているのを見たので、そのトロピモと四人の苦行誓願の信者の一人をとり違えたのである。

神聖な神殿の内庭のなかに、割礼を行っていない異教徒を入れることは絶対に禁止されている。当時異教徒たちは神殿の外庭には入れても内庭に足をふみ入れてはならぬという表示が神殿にはかかげられていた（この表示を今日、トルコの国立博物館で我々は見ることができる）。巡礼客たちは激昂《げっこう》した。騒ぎは神殿からエルサレムの町にも拡がり、群衆は神殿からポーロを引きずり出し、私刑《リンチ》を加えようとした。この事態のため神殿の門は閉ざされ、騒ぎを聞いたエルサレム駐屯のローマ兵たちも駆けつけてきた。ローマ兵の制止でユダヤ人たちはポーロに私刑《リンチ》を加えるのはやめたが、暴動はおさまったわけではなかった。

ローマ兵の部隊長は血まみれになったポーロを連れて一応、自分たちの兵舎に引きあげたが、激昂した群衆はその兵舎を囲みはじめた。

この間、ヤコブたち弟子グループが何をしていたかはわからない。行伝はまったく、その点について沈黙している。そしてその後もこのポーロを救出するため、ヤコブたちが運動をしたという記述もない。ステファノ事件の時と同じように彼等は今度もかくれたのである。政治的にはまったく非力で、衆議会の議員や大祭司には決して好意を持たれていない彼等には仲間の一人が捕えられても如何《いかん》ともできなかったのであろうか。

行伝にはこのあと、ポーロが激昂した群衆に向って自分の信仰を吐露する場面や、更に衆議会に連行されて大祭司アンナスの前でも堂々たる演説を行う場面が記述されているが、これは事実ではなく、行伝の作者がポーロの受難をイエス裁判とオーバラップさせた創作であろう。

いずれにせよ、ポーロがローマの市民権を持っていることを知ったエルサレム駐屯のローマ兵部隊長はその処置に困惑した。彼はこれを自分の権限以上の問題だとしてローマ知事の住むカイザリヤに護送することに決め、ポーロをエルサレムからカイザリヤに送った。カイザリヤではユダヤ人たちの訴えを受けた知事アントニウス・フェリクスも事件に決着をつけることをためらった。彼もまた二十六年前、イエスを裁いた前任者ピラトと同じように優柔不断だった。彼は一方ではポーロを無罪釈放してユダヤ人の怒りをかうことを怖《おそ》れ、他方ではこのローマ市民権を持つ男を軽々しく処罰できなかったのである。

こうしてポーロはカイザリヤで軟禁されたまま実に二年を過した。彼は獄中にあって寛大に扱われ、面会の自由、差し入れの自由などもある程度、許されていたようである(使徒行伝、二十四ノ二十三)。

だが思いがけぬ事件のため自由を奪われながらポーロは彼のローマ行きの信念を決

して捨てはしなかった。不屈の信念に燃え、そして狡猾《こうかつ》でもある彼はチャンスの来るのをじっと二年間、待っていた。そして彼にとってその機会がやっと来た。

それはユダヤ州のローマ知事フェリクスに代って新知事ポルキウス・フェストスが着任した時、この新知事にユダヤ人たちがポーロをエルサレムに戻して裁判にかけるよう要求した時である。ポーロはこの機会を利用した。彼はエルサレムではなく、ローマで皇帝の裁判を受けたいと上告したのである。知事フェストスはこの上告を受理した。彼もまた、この困った存在であるポーロを自分の責任外の場所におきたかったからである。

先にものべたようにポーロの受難についての使徒行伝の記事は必ずしも事実を伝えるものではない。しかしそこに描かれていることはポーロがあらゆる迫害にもかかわらず、その目的を果すまでは決してひるまなかったということだ。彼を敵視したユダヤ人がかえって、この不退転の男をローマに送ってしまったのは皮肉である。

こうして未決囚の彼は他の囚人と共にユリアスという近衛《このえ》兵《へい》の小隊長に連れられ船に乗せられた。秋から冬にかけてのユーラクロンといわれる暴風で船はマルタ島沖で難破し、彼はマルタ島に上陸した。ポーロたちはここで三カ月をすごし、ふたたび船に乗ってポテオリとよぶ町につき、そこから陸路、ローマに向った、と行伝は書いている。

使徒行伝はポーロのローマ行きを書いて筆を終っている。そしてポーロ受難の折の弟子グループの状況についてまったく口をとざしているが、これは残念というより仕方がない。弟子グループは神殿で騒ぎが起り、群衆の私刑《リンチ》にポーロが会おうとした時も何もできなかったことは既にのべた通りであるが、正直いって彼等はこのポーロがカイザリヤに送られた時は、ほっと胸をなぜおろしたであろう。たしかにポーロの信仰や信念だけは弟子グループも認めたであろうが、ようやく出来あがった教団組織にいつも混乱をもたらすこの迷惑な男は頭痛の種だったにちがいない。ポーロはイエスの直接の弟子たちにとって当惑すべき問題児だったのだ。ただペトロとヨハネとだけがこのポーロに親近感を持っていた。イエスの従兄弟《いとこ》ヤコブはポーロの努力、その布教の功績は高くかったが、しかしユダヤ人の律法をあまりに無視する彼には違和感を抱いていたにちがいない。

ただ誤解を避けるために言っておくが、ポーロと弟子グループとはイエスを神の子として信仰するという点では全く一致していた。しかしその神格化したイエスを、どのような形で信ずるかという点で見解を異にしていたのである。弟子たちにとってキリストはやがて再臨するキリストだった。間もない世の終りに再臨してイスラエルと自分たちを救済してくれるキリストだった。これにたいしてポーロのキリストは律法という自力救済の限界を超えて、人間に救いを与える存在だったのである。神と人間との分離を埋めるため、神がこの世に送り、人間の罪いっさいを背負わせた生贄《いけにえ》の子だったのである。これら二つのキリスト観はたがいにもつれあい、からみあい、キリスト教のなかに根をおろしていく。我々が今日、福音書のなかに弟子グループの抱いたキリスト観とポーロの抱いたキリスト観との二つを見つけることができるのもそのためである。

だがそれにしてもイエスの死後、わずか二十数年の間にかくも各地に拡がったキリスト教の布教のなかで、ポーロと、「ギリシャ語を話すユダヤ人」信者の果した役割は眼をみはらせるものがある。今まで書いたことを一応、整理するならば、キリスト教はまずステファノ事件でエルサレムを追われた「ギリシャ語を話すユダヤ人」信者の手によって各地に種がまかれた。彼等はこの時期、その布教を異邦人にたいしてではなく、もっぱら同じユダヤ人を相手に行った。この時、迫害者だったポーロが改宗し、燃えあがる炎のような情熱で自分独自の布教をはじめた。彼は同胞ユダヤ人だけでなく、異邦人もまた福音にあずかる資格があるという信念に基づき、進んで異邦人のなかに飛びこんでいった。そして、こういう二つの布教形式の間にエルサレムの弟子グループの教会は時にはぐらつき、時にはためらいながらもその組織と権威とを保ちつづけたのである。

キリスト教がパレスチナの狭い国から国境を超え、民族を超えて他国に拡がっていけたのはいくつかの外面的理由がある。ひとつはこの時、ローマ帝国という巨大な帝国によって各国が征服され、その統治下に秩序があり平静が保たれていたことである。すべての路《みち》はローマに通じるという諺《ことわざ》通り、ローマを中心として各人種や交通路や商業が通じあっていた当時、文化や宗教の相互伝達もかつてないほど容易になっていた。その利点をキリスト教も充分、活用できたのだ。またローマ帝国内の多くの町には必ずと言ってよいほどユダヤ人が住みつき、きびしくユダヤ教徒の生活を守っていた。これら同胞にむかってキリスト教の布教者たちも語りかけることができたのである。時には彼等はそのためにユダヤ教徒から圧迫を受けたが、しかしポーロのように割礼やユダヤ教を軽視する発言がなければ、おおむねのユダヤ教徒は比較的寛大だった。

だがそのなかでもポーロの功績は特に偉大だった。ポーロはまず、イエスの旧弟子たちがイエスから突きつけられた宿題に彼独自の明確な答えを出したからである。イエスはなぜ非業《ひごう》な死を遂げたか、という衝撃的な疑問は弟子たちにとってその後、ふかい問題となったが、この問題をはっきりと解いてみせたのはポーロだけだったと言えるかもしれぬ。このポーロの神学にあるキリストの生贄、罪の贖《あがな》いの秘儀は必ずしも彼の独創ではなくイエスの直接の弟子の心にもあり東方の密儀宗教の影響もあるという学者は多いが、しかしそれを逆に言えば、ポーロの神学はそれらの密儀宗教の影響を意識的に、無意識的に持っていた異邦人たちにも説得力があったということである。彼の布教が小アジアの各地で成功をおさめたとするならば、それはこの小アジアの人々が既に抱いていた宗教意識に訴える何かがあったからにちがいないのだ。そしてこのことは彼のキリスト教にとって決して不名誉なことではなく、キリスト教とはすべての国民や民族の宗教意識をも含むものであるという大きな証明になるであろう。

ローマで皇帝の裁判を受けるためカイザリヤを出航したポーロは五八年、やっと夢にみたローマに到着した。

ポーロはもともと布教の未開拓な町に伝道するという方針を持っていたが、この五八年頃には既にローマには少ないながらもキリスト教信者のいたことは、聖書をみるとはっきりわかる。たとえばポーロがコリントに布教に赴いた時、ローマからユダヤ人暴動事件で逃げてきたキリスト教信者のアクラという男とその妻プリスカとに会っている（使徒行伝、十八ノ二）。またポーロ自身の手紙のなかにもローマにいるアンドロニコスとユニアという夫婦が「わたしよりも先にキリストを信じた人である」という記述がある。

これらの信者たちは言うまでもなくステファノ事件の前にユダヤ教から改宗し、ステファノ事件によってエルサレムからローマに移住した「ギリシャ語を話す」ユダヤ人信者だったのであろう。彼等はローマにおいて少しずつ仲間をふやし、小さいながらも教会を作ったにちがいない。

使徒行伝によればポテオリから陸路、ローマに入った時、このローマの信者たちはポーロをアッピヤ街道のアピオ・ポロやトレス・タベルネで盛大に迎えたという。そしてその使徒行伝は更にポーロが一人の番兵をつけられたが一人で住むことも、信者たちに会うことも許され、ユダヤ人たちに福音をのべてローマで生活したと伝えている。「ポーロは自分の借りた家に満二年のあいだ住み、たずねてくる人々を皆、迎え入れ、はばからず、また妨げられることもなく、神の国を宣《の》べ伝え、主、イエス・キリストのことを教えつづけた」（使徒行伝、二十八ノ三十―三十一）

そこに書かれたポーロは未決囚とは言え、それまでの迫害や圧迫と闘いつづけた過去の姿とはちがったみち足りた布教者の姿である。だが事実はそうだったのか。

我々にその疑問を起させるのは今日、多くの学者がローマ滞在中にポーロによって書かれたと考えている「エペソ書」「ピリピ書」「コロサイ書」「ピレモン書」のなかに、先ほどのみち足りた布教者のイメージを裏切るような、重い、暗い、苦しげな言葉がたびたび出てくるからである。「鎖につながれている」(エペソ書、六ノ二十)、「わたしが獄につながれていることを憶《おぼ》えておいてほしい」(コロサイ書、四ノ十八)、「たとえ、あなたがたの信仰の供えものをささげる祭壇に、わたしの血をそそぐことがあっても、わたしは悦《よろこ》ぼう」(ピリピ書、二ノ十七)——これらの言葉は、使徒行伝のいう「はばからず、また妨げられることもなく神の国を宣べ伝えた」ようなポーロの口から出たとはとても思えないであろう。

学者たちのなかにはこの二つのポーロの姿を調和させるために当初、ポーロは比較的寛大にとり扱われ、一時、免訴となって釈放された後、ローマ皇帝ネロの迫害によってふたたび捕えられたと考える人もいる。そして前記のローマから出された書簡はこの再度の投獄中に書かれたのだと言う。

いずれにせよ、ポーロはローマにおいてもまた苦難に耐えなければならなかったようである。彼はおそらくネロ皇帝の在位時代におけるキリスト教弾圧の政策のため、殺害されたと思われるが、その状況については後の章でふれたいと思う。

私はポーロの伝道に筆をさきすぎたが、それは使徒行伝がほとんど他の使徒たちの行動について触れていないためである。けれどもポーロがこうしてローマに連行され、未決囚として幽閉された後、殺されるまで、イエスの弟子グループの多くは依然としてエルサレムで再臨するキリストを待っていたことは確かである。ただペトロだけがこのエルサレムから離れその足跡は必ずしも確かではないが、ポーロと同じように布教の旅を続けていた。しかしやがて、そのペトロもポーロと同じようにローマに赴くのである。

第十一章　ペトロの死、ポーロの死

その方法がどうであれ、遂《つい》にポーロは念願のローマに入った。未決囚という不自由な身だったが、ローマ帝国の首都であり、永遠の都と言われたこのローマに彼の教会を築く機会が遂にやってきたのだ。イエス死後、二十八年たった西暦五八年のことである。

この五八年とはローマはあの暴君ネロが即位して五年目の年である。当時のローマは人口百万。そのうち市民の数二十万。奴隷《どれい》の数四十万。アウグストゥス皇帝の美化計画が実現して十四区に分れた市には市民たちの住むうつくしい高層アパートや貴族たちの住む豪奢《ごうしゃ》な邸宅が建ちならび、劇場、競技場、壮大な浴場が作られ、各国のあらゆる人種が集まる大国際都市であった。

「この群衆の大部分は故郷を持たないのです。自治市または植民市から、いや地の果てから流れこんだ連中です。ある者は一旗あげるため、ある者は公生活の必要から、ある者は使者としての責務のため、あるいは奔放な心で悪を楽しむため、更に高尚な智識《ちしき》を求めるため、または見物観光のために彼等は集まってきたのです」（セネカ書簡）

セネカの報告通り、そこにはローマ人だけではなくギリシャ人、シリヤ人、ユダヤ人がひしめいていた。さまざまな宗教や信仰があり、あらゆる快楽を楽しむことができた。そして文字通り、人種と宗教の坩堝《るつぼ》とも言えるこの大都市のなかに、わずかなユダヤ人が、ひそやかにキリストを信じていた。

だがほとんどのローマ市民はこの小さなキリスト教信者の集まりなど問題にもしない。ローマ市民は異国の宗教などとはまったく縁もないローマの神々を祭り、その神々への祭祀《さいし》を生活のリズムとしていた。そのような彼等の眼から見れば、わけのわからぬキリストの教えなどは遠い属国ユダヤのユダヤ教といわれる宗教の一分派にしかすぎなかったのである。

未決囚として念願のローマに到着したポーロもこの大都市に足を踏み入れた時、心の昂揚《こうよう》をおぼえたことは疑いはない。困難にぶつかればぶつかるほど烈《はげ》しい闘志に燃えるこの男はローマにおいてキリスト教会がまったく問題にされていないことにすぐ気づいた。だが彼は今日までどんな障碍《しょうがい》や迫害にあっても各地に福音の種をまいてきた自分の業績に自信を抱いていた。このローマ市民が自分の声に耳かたむける日が来るのを彼は心から熱願したのである。ローマを征服する者は全世界を征服する。ローマは彼の壮大な布教計画の拠点となり、中心地にならなければならなかった。彼は主、キリストがそれを自分に実現させるために数奇な運命の後、この都に送ったとかたく信じていた。

五八年、皇帝ネロはまだ二十一歳である。暴君ネロと、後世言われるこの青年は、だが政治家としては時には善政も行い、市民の食糧を確保するため大運河の開鑿《かいさく》に着手し、青果市場の品物を免税にし、また画期的な税制改革を行って市民の生活を楽にしている。

彼が暴君とよばれたのはそうした公生活よりも、皇帝の地位を獲《え》るまで、また、その地位を守るために行った陰惨な暗殺事件のためである。もし彼について書いたタキトゥスの『年代記』やスエトニウスの『皇帝列伝』の中の「ネロ伝」をそのまま信ずるならば、彼の半生は毒と血とでよごれてきた。

まず不遇な地位に一時はおかれた彼を皇帝につけるため、その母アグリッピナが叔父であり夫であるクラウディウス帝に毒をもり、殺した話はあまりに有名である。呪《のろ》われたこの方法によって十七歳にして早くも皇帝となったネロも三つ年下の義弟のブリタニクスがやがて自分の地位を奪うのではないかと不安にかられ、食卓を共にするふりをして毒殺してしまう。

官能に酔う彼はやがて母アグリッピナともいまわしい関係に陥った。その母が邪魔になると、今度は彼女を殺害する計画をたてた。ほかならぬ息子が自分を裏切ったことを知った母アグリッピナは、ネロの送った刺客にむかい、下腹をだし、「さあ、ここをお突き。ここからネロが生れたのだから」と叫んで殺されていった。

母殺しという大罪まで犯したネロは、だがそれでも自分の意の赴くまま、快楽の陶酔に生きつづけた。だがローマの元老院さえ、この若い皇帝を弾劾《だんがい》もできず、阿諛《あゆ》追従《ついしょう》をもってそれを認めた。

六二年、彼は更に次の殺人を行う。貞淑そのものだった昔の妻、オクタヴィアに無実の罪をきせ、ティレニア海の孤島パンダテリアに幽閉し、その四肢の血管をすべて切り開かせて無理矢理に自殺させた。六四年、彼はローマの市民を悦《よろこ》ばすという口実でアグリッピナ浴場のまわりに酒池肉林の大饗宴会《だいきょうえんかい》を催した。そして自らも女装して男色相手だった奴隷のピタゴラスと結婚式をあげたのである。

もちろん彼は自分の支配するローマの片隅でひっそりとキリストへの信仰を守っている一群のユダヤ人のことなど気にもしなかった。だがそのネロの姿にこれらキリスト教徒は眼をつぶるわけにはいかなかった。弟を殺し、母と姦通《かんつう》し、その母を消し、かつての妻まで自殺させたネロの生きかたはこれらローマのキリスト教徒には絶対に容《い》れることのできぬものである。それは人間のため、おのれの命を棄《す》てたイエスの愛の世界と根本的に対立していた。

あらゆる国々を訪れ多くの旅をへてきたポーロも今まで、このような非道な男を見たことがなかった。布教の半ばからローマをキリスト教のエルサレムにすることを夢みてきたポーロは、広大なローマ帝国と同じ規模を持った精神の国を考えてきた。そしてその精神の国の首都として彼はローマを選び、あらゆる工作をつかって、この都にたどりついた。

だがその都で彼が見たものがこの皇帝ネロである。ネロは虚無と向きあっている。その虚無を血と快楽で消そうとしている。それはポーロの説くイエスの生き方とはまさに反対側にある世界である。ローマ皇帝ネロとそのローマを中心として福音の国を創《つく》ろうとするポーロとはこの時、真向から対立したのである。

だが、このようなローマ時代におけるポーロの心を使徒行伝は語っているわけではない。使徒行伝は前章でふれたように未決囚として護送された彼が、この都でも人々にイエスのことを語り、「憚《はばか》らず、妨げらるることなく神の国を宣《の》べ、主イエス・キリストのことを教えいたりき」という言葉で終っており、その後の彼の動き、彼の受難、彼の死についてはひと言も語っていないからである。

だが我々は使徒行伝の作者があえて語らなかったことを、ポーロ自身のローマからの書簡で推測することができる。それは使徒行伝の希望にみちたポーロではなく、獄中にくるしみ、呻《うめ》く彼の姿である。「我、この福音のため、苦しみをなめて、悪人のごとく鎖につながれるに至れり」（テモテ後書、二ノ九）。その言葉のようにポーロはローマで判決も与えられぬまま鎖につながれている。

「我、今や世を去るべき時は来《きた》れり。我、善き戦いを戦い、走るべき道を果し、信仰を保てり。残るところは義の冠、我を待つのみ」（テモテ後書、四ノ六―八）

この語のひびきはその内容と共にポーロの遺言を感じさせる。彼は、この言葉を書いた時、迫りくる自分の死を予感していたのだ。「残るところは義の冠、我を待つのみ」。彼は自分の長年の労苦を神が赫《かが》かしく酬《むく》いたもうのを待ったのか。栄光にみちた死を望んだのか。

だが彼がそのあと、どのような死にざまをしたか、まったく、わからない。それについてのべた確実な資料がないのである。しかも、ふしぎなことには、彼の死をたしかに知っていた使徒行伝の作者ルカがこの点、まったく沈黙を守っているのだ……。

とりあえず、タキトゥスの『年代記』五巻をみよう。三十八―四十四章の記述だけが我々にある推理を促してくれる。それによると六四年の大饗宴会からまもない七月十九日、パラティン丘とカエリウス丘に接するあたりから火の手が起った。火は風にあおられ、競技場をつつみ、低地を燃やして高台にのぼり、消えたと思うとまた燃えあがり、六日のあいだにすべてを焼きつくした。

折しも皇帝ネロはローマを離れていたが、都に戻るとただちに罹《り》災民《さいみん》の救助にとりかかった。しかし、なぜか市民たちの間には、この大火はネロの計画によるものだという噂《うわさ》がたった。

「そこでネロは、この風評をもみ消そうとして、身代りの被告をこしらえ、これに大変、手のこんだ罰をくわえる。身代りは日頃から忌《い》わしい行為で世人から恨み憎まれ、クリスト信奉者と呼ばれた者たちである」(国原吉之助氏訳)

ローマのキリスト教徒は多くのローマ市民からは遠い属国ユダヤの宗教の一分派としか考えられていなかった。ローマの神々を信じ、それを生活のリズムとするローマ人にはユダヤ教徒はもちろん、キリスト教徒は異様な異種の人間たちとしか見えなかった。だがパニック的な心理のなかではこの異様な人間たちが時として我々に不安を与え、恐怖を起させる。多くの朝鮮人が関東大震災の折、罪なく虐殺《ぎゃくさつ》されたのもそのパニック的な心理のためである。

ネロはこの心理を利用したのであろう。周知のように彼が本当にローマを彼好みの都市に再建するため放火を命じたのかはさまざまな議論がある。しかしその風評をしずめるため、彼は罪をキリスト教徒に帰したとタキトゥスは言う。一方、スエトニウスの『皇帝列伝』はネロが多くの悪い習慣を粛正するために「あたらしい有害な迷信の信者であるキリスト教徒に処罰を加えた」とのべている。

いずれにせよ、今まで無視し、黙殺してきたローマのキリスト教徒を皇帝ネロは放火犯人として断罪することにした。彼等は裁判にもかけられず、タキトゥスによれば、なぶり者として獣の皮をかぶらされ、犬にかみ殺された。燃えやすいものを塗られ、日没後、燈火《とうか》のかわりに燃やされた。ネロはこの見世物のために、カエサル家の庭園を供給したという。

ポーロもこの時、殺されたのか。だが先にものべたようにポーロの死にざまについてはまったく確実な資料がない。ある学者はポーロが未決囚として獄につながれた後、釈放されたと言い、他の学者は釈放後、スペインにむけて布教し、ふたたびローマに戻って殉教したと言う。だが彼がローマにおける迫害のなかで「殺された」ことはほとんどの学者が認めており、伝承は彼が首を切られて死んだという。

いずれが事実なのかはわからぬ。だがそれよりも我々に関心があるのは、彼と布教の旅を共にし、確実に彼の死を知っていたルカ福音書と使徒行伝の作者ルカがポーロの晩年の苦しみと死にまったく口をとざしている理由である。その死にざまを語ろうとしない理由である。

今日までその理由について多くの学者が論じてきた。今日の定説は使徒行伝を書いた時期のルカはローマ官憲をこれ以上刺激しないよう注意を払っていたし、事実使徒行伝はキリスト教の政治的無罪性の主張とローマ官憲の好意を得ることにもその意図があったから、ローマにおけるキリスト教迫害とポーロの死についてはわざと沈黙を守ったのだというのである。

たしかにその定説は部分的には当っている。なぜなら、事実、共観福音書におけるイエスの裁判と処刑の描写も、ひたすらその責任をユダヤ衆議会と大祭司アンナス一世に帰し、ローマ知事やローマ軍百卒長をむしろイエスに好意的であったように描いている点、当時の福音書作家がいかにローマ官憲に気をつかったかが、窺《うかが》えるからだ。だがそれだけでない。もっと他の理由もあった筈《はず》である。なぜなら、いかにルカがローマ当局に気をつかったにせよ、彼は自分が目撃し、布教の旅を共にした者の死を、ローマ人を刺激しない形にせよ、暗示的にせよ、書くことはできた筈だからである。にもかかわらず彼がまったく沈黙を守ったのは、別の理由もあったからだと、私は考えざるをえない。そしてまた、ルカはポーロだけでなくペトロの死、イエスの従兄弟《いとこ》ヤコブの死もそれを知りながら記述していない。特にヤコブはローマ人ではなくユダヤ人たちに殺されたのに、これについても沈黙を守っている。

なぜか。理由は明らかである。それはポーロの死があまりにもこの雄々しく強い信仰の人にふさわしくない、あまりにみじめな、あまりにあわれな死だったからである。ポーロの過半生を知り、彼と親しくまじわったルカはこの鋼《はがね》のように強い意志と火のように烈しい信仰を持った男が神とキリストのためにどれほど戦ってきたかを熟知していた。エルサレムの保守派よりもこの戦士のような男がどれほどイエスの福音の布教のために尽してきたかも知っていた。あらゆる苦難や悪意や迫害にもめげず、キリストの福音を伝えるために生きたかも知っていた。

それほどの男ならばそれに相応しい栄光ある死をもって酬われるだろうと、彼の仲間たちが長い間思いつづけていたとしてもふしぎではない。その男が生涯をとじる時は、それがたとえ殉教であれ、英雄の死のように人々が感動する死を神から与えられるという願いが人々の心のどこかにあった筈である。そしてポーロ自身もおそらく同

じ気持を持っていたことは、

「我、今や世を去るべき時は来れり。我、善き戦いを戦い、走るべき道を果し、信仰を保てり。残るところは義の冠、我を待つのみ」

という彼が死を予感した時の最後の言葉にもはっきり、あらわれている。「残るところは義の冠、我を待つのみ」という言葉に、自分の死が栄光に包まれるだろうという自負と自信とがあふれているからだ。

にもかかわらず、ポーロの現実の死がそのような感動的なものでなかったらどうだろう。たとえばアウシュヴィッツ収容所における大量虐殺の人々のように人間の尊さを剥奪《はくだつ》され、名誉もなく、人にも気づかれぬような死をとげたとしたらどうだろう。

我々はポーロの死がどのようなものだったかはまったく知らぬ。しかしそれがタキトゥスの書いたように、なぶり者にされ、獣の皮をかぶらされ、犬に食い殺された死にかただったら、どうだろう。あるいは体に油を塗られ、日没後、燈火のかわりに燃やされるような死にかただったら、どうだろう。

ポーロの死がもし、そのようなあわれきわまるものだったら生き残った彼の仲間は何と叫んだであろうか。なぜ、あれほど福音を人々に伝えるため生涯を捧《ささ》げた男に、神はこんなみじめな死を与えたのか。なぜ、神は彼を助けず、彼に栄光ある死にかたをさせず、犬のように死なせたのか。

なぜ。なぜ。人々はその謎《なぞ》に沈黙する。使徒行伝の作者ルカがポーロの死について何も語らなかったのはそのためである。彼は語らなかったのではなかった。語れなかったのである。それはイエスのむざんな処刑から衝撃をうけた弟子たちが「なぜ」と叫んだ時と同じ状況だった。「彼はなぜ、そんなむごい死を神から与えられたか」。イエスの死が弟子たちに突きつけた同じ疑問、同じ課題がふたたびポーロの仲間にも与えられたのだ。

ペトロの場合も同様である。私はあのアンティオケで異邦人問題をめぐってポーロとペトロの間に仲たがいが生じたことを既に書いたが、このアンティオケ事件以後のペトロの行動についてはまったく、わからない。ただ、わずかにポーロの書簡コリント前書九章五節からペトロがその後もキリスト教信者である妻を伴って伝道旅行を続けていたことをほのかに推測できるだけである。

おそらく彼は時折、エルサレムに戻り、弟子グループと接触しながら妻たちと各地に布教を行っていたのであろう。エルサレム教会の組織指導はこの間、まったくイエスの従兄弟ヤコブに委《まか》されていた。

そのペトロがどこで、どのような死に方をしたかを我々が確実に語る資料はどこにもない。我々はただ、それを暗示しているような福音書の言葉や人々の伝承、あるいは後に書かれた文書によって彼がローマで殉教したのだと考えることはできる。

福音書のなかでそれを暗に示しているのはヨハネ福音書である。ヨハネは福音書でイエスの口を借りてペトロが殉教したことを漠然と語っている。

「イエス彼（ペトロ）に曰《のたま》いけるは、『……汝《なんじ》若かりし時、自ら帯して好むところを歩みいたりしが、老いたる後は手をのべん。而《しこう》して他の者、汝を帯につけ、汝の行くことを好まざるところに行かしめん』と。これペトロがいかなる死をとげて、神に栄光あらしむべきかを示して曰いしなり」（ヨハネ、二十一ノ十七―十九）

ヨハネ福音書のこのペトロの死についての暗示はあまりに漠然として曖昧《あいまい》である。しかしこの「行く」とか「行くことを好まざる」という言葉はイエスが自分の死を覚悟して弟子たちと最後の食事をした時、同じペトロにむかって言った「わが行くところは汝、今、従うあたわず。後に従わん」（ヨハネ、十三ノ三十六）という言葉と照応するならばおのずとその意味はあきらかになる。行くとは死に行くという意味なのである。ヨハネはペトロが「好まざるところに行く」という表現で、彼が苦しい死、つまり殉教を遂げたことを暗示しているのである。

またペトロがローマで殉教したことを主張する学者たちが必ず引用するのは、一世紀末に初代ローマ教会の指導者だったクレメンスが、九五年頃コリント教会にあてた手紙の一節である。

「嫉妬《しっと》と妬《ねた》みのため、教会における最も偉大な、最も正しい柱石は迫害をうけ、死に至るまで戦った。このよき使徒たちを眼前に思いうかべようではないか。それはペトロである。不正な嫉妬のために一再ならず多くの苦しみを受けたペトロは証《あかし》をたて、ふさわしい栄光の場所に赴いた」

もし、クレメンスが確証を持ってこの言葉を語っているならば、我々はペトロがローマでどのような苦しみを受けたかが想像できる。すぐれた『ペトロ伝』を書いたクルマンはこの言葉から、ペトロがローマ人ではなく、ほかならぬローマ在住のキリスト教信者のうち、異邦人の加入を拒む一部のユダヤ人信者の攻撃をうけ、その密告によって殺されたのだと推測している。クルマンはそれを裏づけるため、タキトゥス『年代記』の次の記述をあげている。「はじめに捕えられた人（キリスト教徒）は自白して有罪と認められた。それから彼らの証言によって多くのキリスト教徒が……」

ペトロがどのような死にかたをしたか。それは先に引用したヨハネ福音書の「老いてから手をのばすことになろう」という言葉から両手をひろげる十字架刑を受けたと考える学者がいる。そして伝承もまたペトロが師イエスと同じように十字架刑を受けたと伝えている。

しかし、これらのわずかな資料から考えられたペトロのローマ殉教説は勿論《もちろん》、推量の域を出るものではない。伝承はペトロの処刑地が現在、ローマ法王庁のあるヴァチカンだと伝えている。またローマ法王はコンスタンティヌス帝が建てたペトロ教会《バシリカ》の地下を発掘させ、昔からの伝承を裏づける証拠をえたと、一九五〇年のクリスマスに「使徒たちの第一人者の墓は発見された」と声明をだした。

だがこれらペトロのローマ殉教説にむかしから多くの反対説が出された。そのいずれが正しいか判定できないとしても、我々にはそれよりもポーロの場合と同じように原始キリスト教団の指導者だったペトロの死について福音書や使徒行伝がまったく沈黙を守るか、先ほどのヨハネ福音書のように暗示の形式でしか語っていない秘密に心動かされるのである。なぜなら使徒行伝はおそらくネロのキリスト教徒迫害のあとに書かれていて、作者ルカはペトロやポーロの死を充分、知っていた筈だからだ。それを知りながら彼が書かなかった理由について多くの学者はペトロやポーロの殉教は当時の人々に伝えられていたから、改めてそれを記述する必要もなかったという。だがそれほど彼等の名は一般的だったろうか。そしてまたそれがキリスト信徒の間では広く知られている事実でも、ペトロほどの指導者の死は後世のため記述する義務があった筈である。私は先にのべた理由で、人々はその死を語れなかったのだと考える。

ローマでこのようにポーロがみじめな死をとげる前の六一年、エルサレムの原始キリスト教団にも大事件が起った。ペトロにかわって組織を指導していたイエスの従兄弟ヤコブが、大祭司であり衆議会の議長であるアンナス二世によって捕えられ、処刑されたのである。事件は当時の歴史家フラビウス・ヨセフスによって次のように報じられている。

「アンナス二世は議会を召集し、キリストと呼ばれたイエスの従兄弟でヤコブという名の人物をほかの者と引っぱってきた。そして律法に違反したかどで彼等を石うちにした」

アンナス二世はイエスを裁判にかけた大祭司アンナスの息子である。フラビウス・ヨセフスは彼の性格を「性急だった」と評しているが、その性急さゆえか、六一年にローマ知事フェストスが死に次の知事アルビヌスが着任する空白期間を利用して、この大祭司は信者のふえはじめたキリスト教徒弾圧にのりだした。

ヤコブの死の模様は二世紀のヘゲシップスによっても語られている。それによるとヤコブはエルサレム神殿の城壁の一角に立たせられ、下に集まった民衆に彼がイエスの名で人々を惑わしていると叫ぶように命じられた。だがヤコブはその言葉のかわりに「なぜあなたたちはイエスについて重ねてたずねるのか。イエスは天にいます神の右に坐《ざ》し、やがて天の雲に乗って来るであろう」と叫び、そのため城壁から突き落された。だが彼は死なず、跪《ひざまず》き「主よ、彼等を許してください。彼等は何をしているのか、わからないのです」と祈った。人々は彼に石を投げはじめたが、ただレカブ人の祭司がこれをとどめた。一人の布晒《ぬのさら》し職人が布を干す棒でヤコブの頭をうち絶命させた。

勿論、このヘゲシップスの記述はヤコブの死をあまりにイエスの最後、ステファノの死と同じ描写で語っている以上、事実そのものではあるまい。ただ我々はこれらの記述とヨセフスの報告とによってこの六一年の頃、エルサレムの原始キリスト教団はサドカイ派を不安にさせるほど大きな拡張勢力になりはじめていたことと、ユダヤ教の枠内でキリスト教を布教していた保守派のヤコブまでが殺されたことを知るのである。

使徒行伝の作者ルカはヨセフスののべたこのヤコブの死も知っているのに、これを報じていない。まして他のイエスの旧弟子たちの動静やその死についても何ひとつ書いていない。すべては曖昧である。わずかに伝承によって我々は彼等の死がどのようなものかを想像するにすぎない。その伝承の幾つかをここに列記しておこう。

(1) ヨハネ　ヨハネはイエスの母マリアの面倒を見たが、マリアの死後、ローマに赴き、迫害にあって油のにえたぎる大釜《おおがま》に投げこまれた。
(2) アンデレ　ペトロの兄弟。ガリラヤ湖の漁師でユダの荒野の洗者ヨハネの教団に入り、ここでイエスと知りあったアンデレはビザンチンから黒海附近に布教を行い、ギリシャのパトラスの町で十字架にかけられ、死ぬまで放置された。
(3) トマ　イエスの復活を最初は信じなかったトマは、エウゼビオスによるとインダス川からチグリス川まで、ペルシャ湾からカスピ海までの広い地方を歩きまわり、印度《インド》にも布教したという伝承もある。伝承は彼がマイラポアでバラモンに石を投げられ、槍《やり》で殺されたと伝えている。
(4) マタイ　収税人マタイがユダヤ人の衆議会によって殺されたという伝承がある。
そのほかピリポ、熱心党のシモン、バルトロマイ、タダイなど他の弟子についても、ほとんどが殉教の伝説によって飾られている。言うまでもなく、これらの伝説は事実かどうかわからぬし、ありきたりの聖者物語の形式をふまえているわけだが、イエスの弟子たちほとんどに、苛酷《かこく》な死を与えたこれらの伝承の背後には、ヤコブ、ペトロ、ポーロという三人の人物を失った原始キリスト教団のその後のくるしい運命が暗示されていると言えるだろう。

事実、ヤコブを失い、ペトロを失ったエルサレムの弟子グループはその日から大打撃をうける。彼等のキリストへの信仰までがぐらつきはじめた。

既にのべたように、エルサレムの弟子グループはふかい終末意識と、メシヤキリストが再臨するという希望の上で結束をかためていた。ヤコブが神殿の城壁で死も怖《おそ》れず、「イエスは天にいます神の右に坐し、やがて天の雲に乗って来るであろう」と絶叫したというヘゲシップスの記述はたとえ事実ではなくとも、このヤコブの指導下にある弟子グループの信仰の内容をはっきり説明している。彼等はイエスをメシヤと考え、そのメシヤキリストは間もなくこの地上に再臨し自分たちを救いに来ると信じていたのである。そしてその場所はエルサレムであるという確信があったからこそ、彼等はこの聖都にしがみついて離れなかったのだ。

だがそのメシヤキリストはいつまでたっても再臨しない。その兆《きざ》しさえない。そしてサドカイ派とその大祭司アンナスがあたらしい迫害を起しても、神はキリスト教徒を助けには来てくれない。ペトロが異郷の地で殺されても神は沈黙している。メシヤキリストはまだ再臨しない。

この絶望感はヤコブ的信仰——つまりユダヤ教の枠内でキリストを考えていたユダヤ人信者を強く支配しはじめた。「キリストを待ちながら」彼等は待つことに疲れたのである。

絶望感はエルサレムだけでなく各地に拡《ひろ》がりはじめた。我々はこの原始キリスト教団の心理的危機を「ヘブル書」によって知ることができる。誰が書いたのかはわからぬ（ポーロという説もある）この手紙はそうした動揺した仲間たちを叱咤《しった》激励するために記述されたのだ。手紙は彼等に忍耐することを奨《すす》めている。

神の御旨《みむね》を行って約束のものを受けるために今、必要なのは忍耐だけである

もうしばらくすれば
来るべきかたがお見えになる
遅くなることはない

わが義人は信仰によって生きる
もし信仰を捨てるならば
わが魂はこれを悦《よろこ》ばない
（ヘブル書、十ノ三十六―三十八）

子供をあやし、なだめる母親のようにこの手紙の書き手は仲間たちを教えさとす。絶望とみえるこの時期こそ、神が我々の信仰を強める訓練をされているのだと言う。

わたしの子よ
主の訓練を軽んじてはいけない
主に責められるとき、弱り果ててはならない
主は愛する者を訓練し
受けいれるすべての子を
むち打たれるのである
（ヘブル書、十二ノ五―六）

「兄弟たちよ、気をつけなさい。あなたがたのなかには不信仰な悪い心を抱いて、生ける神から離れ去る者があるかもしれない」

この警告は当時、キリストの再臨に絶望したキリスト教徒のなかに、ふたたびユダ

ヤ教に再改宗しようとした者が多くいたことを示している。いつまでも再臨しないキリストをもはやメシヤキリストとは信じられなくなったこの連中はかつて自分が捨てたユダヤ教に戻ろうとしたのである。

「ヘブル書」はこのようにペトロとヤコブという指導者を殺された直後の原始キリスト教団の信仰的危機を我々に伝えている。この信仰の危機という六〇年代の教団の状況を考えてはじめて、我々はなぜ使徒行伝がポーロの死について語れず、ペトロの死について語れず、ヤコブの死にも黙していたかの秘密を解くことができるのだ。言いかえれば原始キリスト教団は三十年前にイエスが十字架で虐殺《ぎゃくさつ》された時、その弟子たちが受けたものと同じ衝撃を感じ同じ疑問をふたたび問わねばならなかったのである。その疑問とは「あの人はなぜ、かくも、むごたらしい死を神から与えられたのか」という疑問だった。あのように神のために生きた人、愛だけで生きた人がみじめな死を遂げねばならなかった不可解な理由――その謎《なぞ》を解くことは生き残った弟子たちの生涯の宿題になったが、今、その宿題はポーロを知っている者、ペトロを知っている者、ヤコブを知っている者に同じ形で突きつけられたのである。

この信仰の危機で脱落する者は脱落した。脱落者のなかにはふたたびユダヤ教徒に戻る者もいた。しかし残った者はその謎を解くためには、ポーロの言う復活の秘儀をどうしても信じなければならなかった筈《はず》だ。もし復活がなければ、ペトロの死、ポーロの死、ヤコブの死は当然無意味になるからである。信仰の危機は逆に残ったものに復活の信念をますます強めさせた。復活の意味は更に更にキリスト教の中核となっていったのである。このように挫折《ざせつ》しかかっては立ちなおり、崩れてはまた起きあがる過程をふみながら原始キリスト教団は少しずつ前進したのだ。

第十二章　沈黙の神、再臨せざるキリスト

ペトロとヤコブを失ったエルサレム教会は組織的にも、信仰の上でも痛ましい打撃を受けた。あのペトロやヤコブほど信仰に生涯を捧《ささ》げた男がなぜ、むごたらしく死んだのか。神はなぜ彼等を虐殺《ぎゃくさつ》されるままにされておかれたのか。神はなぜこれら二人を助けたまわず、沈黙を守っておられたのか。

次々と起るこれらの疑問に信徒たちの一部は確信をもって答えることはできなかった。それだけではない。間もなく再臨する筈《はず》のキリストもまだその姿をあらわさない。自分たちは裏切られたのではないか。本当にキリストはメシヤだったのだろうか。この疑問を前にして彼等の信仰はぐらつき、よろめいた。

この時期、そのエルサレムの内外でも不穏な空気がみちみちていた。ローマから派遣された知事は相次いでユダヤ人に弾圧的な政策をとり、それがエルサレム市民の反ローマ感情を刺激していたからである。六二年から六四年に在任した知事アルビヌス

はユダヤ人から高い税を仮借なく取りたてただけでなく、職権を濫用《らんよう》して私腹を肥し、このアルビヌスのあとに着任したゲシウス・フロルスも前任者以上の横暴な振舞いでユダヤ人の怨恨《えんこん》の的となっていた。反ローマの感情は急激に各地に拡《ひろ》がりはじめた。ユダヤ衆議会と大祭司アンナス二世とはもともとローマと妥協する方針をとってきたから、これら民衆の反ローマ的な感情や過激な運動をできるだけ鎮《しず》めようと試みた。皇帝ネロの手によってユダヤ分国王の地位を与えられたアグリッパ二世も自己保身のためローマを怒らせぬよう、ユダヤ人民をなだめにかかった。だが彼等の因循姑息《こそく》な方法が次第にもりあがる国民感情を抑えられる筈はなかった。

この切迫した空気のなかでエルサレムのキリスト教団はペトロとヤコブを失った。動揺した信徒のなかにはもはやメシヤキリストの再臨を待つことに疲れ果て、反ローマ的感情に酔う民衆にとけこむため、ユダヤ教に戻る者が続出した。

教団は結束する必要があった。ぐらついた信徒を励まし乱れた組織をたてなおすことが急務だった。ヤコブの従兄弟《いとこ》にあたるシメオンという信者があたらしい指導者にえらばれたのもこの時期である。重くるしい政治情勢を彼等は世界の終りを告げる前兆として受けとめ、自分たちを救うためにメシヤキリストがいよいよ姿をみせる時が間近いと考えることで、一応この信仰の危機を乗りこえようとした。

爆発は起った。それは小さな、ありふれた事件から始まった。ローマ知事の代々の居住地であるカイザリヤ市でユダヤ人会堂《シナゴーグ》の隣の地面を持っていたあるギリシャ人が、そこに新しい建物を建てようとした。そのため会堂《シナゴーグ》に赴くのに不便を感じたユダヤ教徒とこのギリシャ人との間に争いが起り、争いはやがて血なまぐさい喧嘩《けんか》となり、ユダヤ教徒と非ユダヤ教徒のギリシャ人とが対立して暴動が発生したのである。

ローマ知事フロルスは暴動に関係したこれらユダヤ人を捕え、投獄した。更に彼はエルサレムの神殿の宝庫から罰金をとり、それを非難するユダヤ人たちに報復するため、部隊を率いてエルサレムにのぼった。彼の命を受けたローマ兵たちは不満分子だけではなく一般市民の家にも侵入して略奪を行った。町のあちこちで虐殺もはじまった。血に飢えたこの兵士たちのために穏健派の連中まで捕えられ、鞭《むち》うたれ、婦女子を含めて実に三千六百人の者が殺害されたという。

急を聞いたユダヤ分国王アグリッパ二世は調停にのりだした。一方、シリヤ総督のガルスも実情を調査するため軍団司令官を派遣した。この二人をエルサレムから十二キロの地点で出迎えたユダヤ人たちは口々にフロルス知事の横暴、ローマ兵のすさまじい虐殺を訴えた。司令官はエルサレムを視察した後、ローマへの帰順を説いて一応、引きあげた。ユダヤ分国王アグリッパ二世もまた醇々《じゅんじゅん》と、ローマと戦うことの不利と独立するには時期尚早であることを民衆に納得させようとした。

だがこの説得にユダヤ人が従ったのはほんの一時だった。既に燃えあがった火はもう消えなかった。死海のほとり、ユダの荒野にあるマサダの砦《とりで》を過激派のユダヤ人が襲い、ローマ駐屯軍を全滅させた。エルサレムでもエレアザルという青年に率いられた過激派が大祭司アンナス二世や長老の反対を押しきって断乎《だんこ》、ローマに歯向うことを宣言した。長い間、屈辱に耐えぬいてきたユダヤ人たちは遂《つい》に立ちあがったのである。

アグリッパ王はこの暴動を鎮圧するため三千の騎兵隊を送った。これに力をえたエルサレムの保守派のユダヤ人と過激派の間に戦いがくりひろげられた。石投器《バリスタ》を使った石が市街をとびかい、狭い道で血みどろの白兵戦が七日間つづいた。戦いは過激派の勝利となり、大祭司アンナス二世は、下水道のなかにかくれているのを見つけられて虐殺された。

もうすべてが収拾がつかなくなった。ユダヤ人の反乱を最初は見くびっていた知事フロルスも上司であるシリヤ総督ガルスに救援を求めざるをえなくなった。反乱がこれ以上拡がり組織化する前にユダヤ人たちを叩《たた》きつぶしておく必要を感じたシリヤ総督ガルスは、第十二軍団を主力とする軍隊を送ることを約束した。

この第十二軍団はガリラヤからサマリヤと抵抗するユダヤ人を蹴散《けち》らしながらエルサレムを包囲した。六日間、ローマ兵は城壁を突破しようと試みたが頑強なエルサレム市民の反抗にあって突入することはできず、ガルスもこれ以上の攻撃を諦《あきら》め、退いていった。

思いもかけぬローマ軍の退却に狂喜したユダヤ人たちはただちに反撃に移った。重装備のローマ兵がベスホロンの隘路《あいろ》をのろのろと通過していた時、ユダヤ人はその出口をふさぎ、死者六千に及ぶ大打撃を与えた。

だが戦勝に酔うことはまだ許されない。敗戦を知ったローマ皇帝ネロが必ずや大軍をこのユダヤに送り、徹底的な報復に乗りだすことは火を見るよりあきらかだからである。エルサレムは街をあげて来《きた》るべき決戦に備えるべく戦争準備をはじめた。まずエルサレムの外に二つの防壁が作られた。武器が集められ、青年たちは軍事訓練を受けることになった。彼等はもとより、自分たちがあのローマの精鋭軍にまともに太刀うちできるとは思ってもいなかった。ただユダヤの預言者たちの語る神の奇蹟《きせき》が起ること、必ずや自分たちを救うメシヤがあらわれることにすべてを賭《か》けたのである。

我々はこの嵐《あらし》の来るのを待つエルサレムでキリスト教徒たちが何をしていたのかを知る資料をまったく持たない。

ローマ皇帝ネロはシリヤ総督麾下《きか》の第十二軍団の敗戦を知ると事の重大さに驚き、ただちにサビヌ人で、かつてゲルマン人の反乱を鎮圧した名将ヴェスパシアヌスにユダヤ進撃を命令した。六七年の春、彼は第十五軍団を主力とする六万の軍を率いてアンティオケに上陸した。

だがヴェスパシアヌスとその軍団の南下は意外にも時間がかかった。ユダヤ人たちが町々を要塞化《ようさい》し、ゲリラ的戦法で執拗《しつよう》な抵抗を試みたからである。しかしローマ軍はある町は焼き、ある町では老若男女のすべてを虐殺し、ある町では住民を奴隷《どれい》にしながら少しずつガリラヤを制圧し、サマリヤに侵入し、エルサレムを目指して進撃した。こうしてかつてイエスが育ち、その多くの弟子の故郷だったガリラヤはローマ軍の蹂躙《じゅうりん》に委《まか》された。

ユダヤ人たちのガリラヤ地方の指揮官はフラビウス・ヨセフスである。すなわち後に『ユダヤ戦記』『ユダヤ古代史』を書き、今まで私がたびたびそれを引用したあのフラビウス・ヨセフスである。ヨセフスはヨタパス砦ではよくローマ軍に抵抗したが、玉砕が確実になると卑怯《ひきょう》にも狡猾《こうかつ》な手段をもって部下を裏切り、進んでローマ軍の捕虜となった。そして処刑を逃れるため、自分はヴェスパシアヌス将軍が未来のローマ皇帝となる神託を持ってきたと嘘《うそ》をつき、「歴史家」として生きながらえることができた。

そのヴェスパシアヌス将軍はサマリヤ平定後もエルサレムに直接攻撃をかけず、その周囲の拠点をゆっくりと掃討した後、二年後の六九年、突然、エルサレムを占領することなくパレスチナを去った。それはその前年に皇帝ネロがそのいまわしい生涯を閉じてから国情定まらぬローマを安定させるため、彼が多くの人々や兵士から帝位に即《つ》くことを要請されたためである。ヨセフスの出鱈目《でたらめ》な預言がふしぎにも当ったのである。

だがヴェスパシアヌスはエルサレムを攻撃することを放棄したわけではない。この作戦は彼の息子ティトゥスが継いで最後の総攻撃を行うため、ローマ軍は着々と準備をしていた。けれどもその攻撃目標のエルサレムではやがてくり展《ひろ》げられる決戦に備えるどころか、ユダヤ人たちの間で醜い勢力争いがはじまり、市内ではたえざる内戦が繰りかえされていた。「もはや神の平安はなかった」とヨセフスは書いている。聖都エルサレムは「略奪と内戦とがたえず入りまじる場所」となってしまったのである。

七〇年の春、ティトゥスは遂にエルサレムに総攻撃を開始した。過越祭《すぎこしのまつり》の数日前、彼の精鋭三軍団は蟻《あり》の出る隙間《すきま》もないほどぎっしりと聖都を包囲した。彼等はエルサレムの北にある丘やイエスがしばしばそこを通ったあのオリーブ山にも陣を築いた。強力な石投器《バリスタ》は眼前のエルサレムに向けられ、槍《やり》と剣とを春の陽光にきらめかした無数のローマ兵が作戦開始の命令を静かに待っていた。それを迎えうつユダヤ人たちは約二万だったが糧食乏しく、またかり集めてきた武器の使い方も未熟だった。

総攻撃が開始された。まずローマ軍はエルサレムを囲む城壁を砕くため、三カ所で破城鎚《スコルピオネス》を使用した。すさまじい音をたてながら城壁にぶつかるこの新兵器にユダヤ人たちは一時はひるんだものの、やがて投げ槍と火矢とでそれを防ごうとした。

続いてローマ軍の陣営からは雨のように石投器から発射される石が飛んできた。今日でもエルサレムの周りでその石が発見されるが、それは人間の頭ほどの丸い石で、重さは百パウンド、射程距離は四百メートル。特にこの攻撃に加わったローマ第十軍団の石投器は威力があった。「だがユダヤ人たちは石の飛んでくるのがよくわかった。それは石が風を切る音、また石が白いのでその輝きによってそれを認めることができたのだ」とヨセフスは語っている。「塔の見張りは、石がとばされると、飛び道具がくるぞと叫んだ。と、その方向の者たちはそれをよけ、地面に伏せた。……だがローマ軍は石を黒く塗ることでそれに対抗した」（岩本修一氏訳）

頑強なユダヤ人の抗戦に、ティトゥスは城壁とほぼ同じ高さの塔を三つ立て、そこから間断なく投げ槍、矢、石で攻撃を続けさせる作戦をとった。一方ローマ軍の破城鎚《スコルピオネス》も確実にその効果をあらわしはじめていた。

攻撃が開始されてから約二週間目、ローマ軍はようやく第一の城壁に突入できた。だがユダヤ人たちはまだあと二つの城壁でエルサレムを守っている。第一の城壁と第二の城壁との間では血みどろの白兵戦が毎日行われ、戦は夜あけにはじまり、日没まで続いた。そして夜もまた夜襲をおそれ、双方とも眠ることはできない。白兵戦ではローマ軍は有利だったが、城壁に迫ると彼等はユダヤ人の投げおろす槍や石に退かねばならなかった。

第一の城壁が占領されてから五日後、凄惨《せいさん》な死闘の後、遂に第二の城壁をローマ兵が乗りこえた。もはやエルサレムはただ一つの城壁しか残っていなかった。城壁の下には累々《るいるい》たる死体を前にして陣容をたてなおしたローマ軍が囲み、ティトゥスは最後の攻撃のため、高い土手を兵士につくらせはじめていた。

エルサレムの玉砕は確実だった。武器の消耗はもとより、市中では食糧はほとんど尽きていたのだ。にもかかわらずユダヤ人たちはたったひとつの奇蹟を待っていた。預言者たちの伝えてきたメシヤが必ずあらわれ、必ずこの赫《かがや》かしいエルサレムを救う奇蹟を待っていた……。

この時、眼下のローマ軍のなかから一人の男があらわれた。男はユダヤ人の服装をしていた。のみならず、その顔には見憶《みおぼ》えがあった。それは他ならぬ、あのガリラヤの総指揮官として派遣されたフラビウス・ヨセフスだった。

ヨセフスは城壁から自分を見おろすユダヤ人に叫んだ。「ローマ軍司令官ティトゥスは今でも諸君との和睦《わぼく》を待っている。もはやこれ以上の勝ち目なき戦いを続行するのは無益ではないか。神は今、ユダヤ人ではなくローマ人にその力を与えておられるのだ。たとえローマ軍がこれ以上、エルサレムを攻撃しなくても諸君は今、襲いつつある飢えとどう戦うのか」

そのヨセフスの声に城壁の上からは渦のような嘲笑《ちょうしょう》の声がかえってきただけだった。しかしヨセフスは長いユダヤの敗戦の歴史を説き、武器を捨てることを懇願しつづけ、最後にこう結んだ。

「ふりかえれ、諸君がまさに敵にわたそうとするこの市《まち》の美しさを。なんというすばらしい都であろう。なんというすばらしい神殿であろう。……それらが今、あとかたもなく亡《ほろ》びることを誰が望もうか。この市《まち》ほど守る価値あるものが他にあろうか。聞け、つめたく、石のごとく頑《かたく》なな者たちよ」

ティトゥスの作らせた土手は十七日後完成したが、それはまたユダヤ人たちの執拗な反撃に破壊された。ローマ軍はもはや無益な血を流すことをやめ、エルサレムを餓死させる方針をとる。彼等もまた戦いに疲れていたのである。

この飢餓作戦はユダヤ人を苦しめた。市内にはもうほとんど食べものはなかったのだ。「露台は痩《や》せおとろえた母子に満ち、路地には老人の死体が山とつまれた。子供や若者の腹は飢えでふくれ、倒れるまで幽鬼のごとくさまよい歩いた。精力の尽き果てた彼等を誰も葬《ほうむ》る者はいない。あわれみという言葉はなくなった」とヨセフスは書いている。飢えに耐えられぬユダヤ人たちが、毎夜、五百人以上も食べものを求めて、ひそかに城壁を出ると、待ち伏せていたローマ兵に捕えられる。そして翌日、見せしめのため、城壁の仲間の見まもる前で処刑された。エルサレムの町のなかでは乾草はもとより皮帯も靴も食べつくし、遂に我が子を殺して食べる母親まで出るようになった。

にもかかわらずユダヤ人はまだ降伏しない。夜――、孤独なこのエルサレムの夜をヨセフスは次のように描写している。「ふかい沈黙と、死のような夜とが、都をおおっていた」

疲れ果て、消耗しきったそのエルサレムに遂に五月、最終的な攻撃が加えられた。闇《やみ》を利用して二十余名のローマ兵が、かつてローマ知事の官邸であり、イエスがピラトの裁きを受けたアントニオ塔の方角から市街に突入したのである。その合図でティトゥスはただちに援兵を送った。凄惨な戦いがエルサレムの迷路のような狭い路《みち》の到《いた》るところで始まった。「双方とも飛び道具も槍も役にたたなかった。彼等は剣と素手で戦った。戦闘の場所は狭かったから、敵味方入り乱れ、味方か敵か見わけがつかない。……戦っている兵士は倒れている者を踏みつけ、その体と甲冑《かっちゅう》とを踏み砕いた。勝敗の波は最初は一方に、次に他方に移りかわるごとに、優位な側は励ましの声をあげた」

だが最後の力をふりしぼったユダヤ人たちはローマ兵の波状攻撃を食いとめようとしていた。ローマ兵が占領したアントニオ塔の土台をこわし、エルサレムに全軍が雪崩《なだれ》こめる通路をつくると、ユダヤ人は市を出てオリーブ山のローマ軍団に突撃していった。ユダヤ人たちは彼等の誇りであり、彼等にとって最も神聖な神殿を最後の拠点としてそこを死守していたから、八月になると最後の戦闘はこの神殿のまわりでくり展げられた。ローマ兵ははじめ、例の破城鎚《スコルピオネス》で神殿の壁を粉砕しようとしたが無駄だった。彼等は梯子《はしご》をかけて神殿のなかに突入しようとしたがユダヤ人の反撃に退かねばならなかった。たまりかねたティトゥスは最初はこの豪華な神殿を灰にすることを怖《おそ》れて火をかけることをやめていたが、遂《つい》にこれを焼くことを決心した。

こうしてローマ兵は神殿の門に火をつけた。炎は門から柱廊に燃えうつり、至聖所に迫った。最後の拠点が炎上するのを見たユダヤ人たちは茫然《ぼうぜん》として戦意も気力も失った。彼等が今日までローマの大軍を相手に飢餓に耐え、死闘を続けてきた意味がまったく失われたからである。神は今、神殿を焼かれるままにされている。奇蹟は起らない。メシヤも出現しない。現実は彼等が神に助けられなかったことをはっきりと示したのである。

神殿の柱廊を焼いた炎は遂に神殿の最も尊い至聖所も燃やした。一人のローマ兵が燃えさしで火をつけたのである。炎があがった時「この悲劇を如実《にょじつ》に物語るような叫び声が起った」。

至聖所が燃えている間、ローマ兵は市民の虐殺《ぎゃくさつ》を開始した。子供《こ》も、老人も、祭司も、すべて捕えられ殺された。慈悲を乞う者も抵抗する者も殺された。「炎は遠く広く拡《ひろ》がり、倒れている者の呻《うめ》き声に火のごうごうという音が加わった」とヨセフスはこの情景を報告している。「丘の高さと燃えている建物の大きさゆえに人は全市が燃えていると思ったことであろう。その時、ごうごうと鳴り響いた音以上に耳を聾《ろう》し、人に恐怖を与えたものはなかった。進軍するローマ軍団のときの声が、火と剣とに囲まれた反徒の絶叫と敵の手中に陥った民衆の歎《なげ》きの声にいりまじった。丘にいる者の叫び声に市内の群衆の声が加わった。周囲のみならず、都のかなたまでこだまが反響し、うなり声が大きくなった」

こうしてエルサレムは陥《お》ちた。ユダヤ人たちは条件降伏をティトゥスに求めたが、勿論《もちろん》許される筈《はず》はない。ローマ軍は町のいたる所を焼き払い、略奪し、聖なる都は完膚なきまでに灰燼《かいじん》に帰した。反徒はすべて処刑され、十七歳以上の男子は鎖につながれてエジプトの労役に送られた。ヨセフスの報告に従えば、パレスチナ各地で捕虜にされたユダヤ人の数は九万七千人だった。

エルサレムよ、われらの足は
あなたの門のうちに立っている

エルサレムのために祈れ
「エルサレムを愛する者は栄え

その城壁のうちに平安があり
もろもろの家に安全があるように」と
(詩篇、百二十二ノ二、六―七)

旧約聖書をひもとく者は到るところにユダヤ人がエルサレムを讃《たた》えた言葉を見つけることができる。それは「神の都」(詩篇、四十六ノ四)であり、「神の愛したまう町」(列王記上、五ノ十四)であり、と同時にユダヤ人にとって最高の聖地だった。彼等はこのエルサレムを自分たちの精神の支柱とし、信仰の拠《よ》りどころと考えながら生きていた。なぜならそこにはユダヤ人が世界で最も尊いと考える神殿があったからである。

それはまた原始キリスト教団のなかの弟子グループにとっても同じだったのだ。彼等が師イエスの死後一時は逃亡した故郷ガリラヤから、使徒行伝によればふたたびこの聖都に戻ったのも、エルサレムが神の都であり、聖なる場所だったからに他ならぬ。彼等が必死に待ち望んだキリストの再臨もこのエルサレムで実現するという信念があったからである。エルサレムはユダヤ教徒だけではなく、弟子グループのキリスト教団にも離れがたい都だったのである。

だが、そのエルサレムが今、灰となった。ローマ軍団の軍靴《ぐんか》はこの聖地を蹂躙《じゅうりん》し、ユダヤ人の誇りとするすべてのものに火がかけられた。だが待ち望んでいた神の怒りや奇蹟《きせき》は一度も起らない。夜空をこがしてエルサレムが燃え、神殿が燃え、至聖所が燃えている間も神はつめたい沈黙を守っておられた。市中の到るところで罪なきユダヤ人の女、子供がローマ兵に虐殺されているにかかわらず、メシヤは遂にあらわれなかった。

この冷厳な事実がユダヤ人に与えた衝撃は大きい。以後、ユダヤ教の組織も変貌《へんぼう》してしまう。エルサレム神殿の管理者として、またユダヤ衆議会で実権を握ることで勢力を持ってきたサドカイ派もこの反乱のために大祭司アンナス二世を殺され、以後、その力を失っていく。そしてそのかわりに庶民的だったパリサイ派がユダヤ教の主流となっていく。そして衆議会も従来のようにサドカイ派の祭司たちを主流派とはせず、政治的勢力や富はないが、イエスもその一人だったラビとよばれるユダヤ教の学者たちによって構成されていく。ユダヤ人たちはこれらのラビを前面に立てて、自分たちが受けた衝撃から立ちなおろうとしたのである。彼等は彼等なりに、なぜ神殿や自分たちを神《ヤハウエ》が見棄て給《たも》うたかを探ろうとしたのである。

一方、原始キリスト教団はどうなったのか。凄惨きわまるエルサレムの反乱戦争の間、彼等がどこにかくれ、何をしたのかについては先にも書いたように、この時代の資料はまったく触れていない。四世紀に至ってエウゼビオスの『教会史』がわずかにエルサレムの弟子グループは戦いのはじまる前に、ガリラヤ湖の南方にあるペラに移ってしまったと書いているだけである。

だがこのペラ移動説が事実かどうかを迷う学者は多い。その理由はいくつかある。第一に反乱軍が勢力を持ち、逃亡者や脱落者を処刑までしてしまうような興奮状態にあったエルサレムから、キリスト教徒だけがなぜ脱出できたか、疑わしいからである。その後に書かれた筈の新約聖書に、このペラ移住を暗示するような話もペラという地名もあらわれない。そのため、我々はたとえペラに彼等が移住したとしても、そこでどのように生活していたのかを摑《つか》む手がかりがまったくないのだ。

したがってそこから想定される仮定は三つある。

ひとつはエルサレムの弟子グループも他のユダヤ教徒とエルサレムに残り、あの地獄のような戦闘とローマ兵の虐殺によって消滅したか、多くの仲間を失ったか、である。生き残った者がほそぼそながら戦後、ささやかな教団を持続したという伝承もある。

第二はペラではなく、エルサレムの南、ユダの荒野か、死海のほとりに逃げたかエジプトに逃亡したという仮定である。なぜならユダの荒野は昔からユダヤ人の逃亡する場所であり、また、原始キリスト教団には色こくこの荒野の教団、エッセネ派の影響が残っているからだ。一方エジプトも旧約時代からのユダヤ人の避難所でもあったし、また、エジプトにおけるキリスト教の発展はマルコ福音書のマルコによってなされたという伝承もあるからである。

第三はエウゼビオスの説に更に推理を加えて戦争がはじまるかなり前、危険を察した弟子グループが故郷ガリラヤに避難する途中、ローマ軍のガリラヤ蹂躙を知り、ガリラヤより南方のペラに一時的に避難したという考え方が成立する。そしてその後彼等がローマ軍の残酷な仕打ちに散り散りばらばらになり、その一部はガリラヤに戻ってガリラヤ教会のために働いたという推理もなりたつだろう。

だがそれらはすべて仮定であり、仮定以上のなにものでもない。

たしかなのは彼等が現存する資料のなかでは忽然《こつぜん》として消えた点である。イエスの死後、ペトロとイエスの従兄弟《いとこ》ヤコブを指導者としてエルサレムでキリストの再臨を待ちつづけたエルサレム弟子グループは、これ以後、キリスト教史のなかに姿を見せぬ。彼等がどのような運命をたどったかは、わずかな伝承以外にはなにも伝えるものはない。

たしかなのは彼等の消滅により、原始キリスト教団の動きはこの後、異邦人たちを中心とする各地の教会によってなされていったことである。ユダヤ教の枠内で成立し、ユダヤ教の一分派と見なされるほどユダヤ教的思考にこだわったこのエルサレム弟子グループの消滅もしくは衰退によって、キリスト教の性格はこの時から一挙に百八十度の転換を行うようになったのだ。もはやポーロがその生涯を賭《か》けて戦ったあの異邦人問題――割礼を行わず、律法を守らぬ異邦人を教会の一員とすべきか、否《いな》か、という問題はこの後、背後に押しやられ、キリスト教はユダヤ国内という狭い世界、ユダヤ教という民族宗教から離脱して、国境を超え、民族を超えた世界的宗教の可能性を持つようになるのだ。

このユダヤ戦争はユダヤ教にもサドカイ派の衰退という大きな変化を与えた。だが、原始キリスト教団にも、エルサレム弟子グループの蒸発によってかたくるしい律法の束縛から解き放たれるという変革をもたらしたのである。エルサレムの教会にそれまで従属し、その命令に従わねばならなかった異邦人教会が、子供がきびしい親にかわるようにすべての実権を握ったとも言えるのだ。ポーロが長い間、戦わねばならなかった異邦人問題は外発的なこのユダヤ戦争のおかげで一挙に解決の方向にむかったのである。

だがそれ以上にこのユダヤ戦争が原始キリスト教団にもたらした根本的な影響があ

る。それは神の沈黙に絶望するか、そこに希望を持つかという問題である。

幾度ものべたようにエルサレムの弟子グループたちの信仰は一つには間もなくキリストがメシヤとして彼等を救いに再臨するという希望によって支えられていた。だがペトロやポーロやヤコブのような指導者がみじめな死を遂げた時も、神はおし黙り、キリストも再臨しなかった。この神の沈黙に絶望して教団のなかには脱落者が続出したが、残った者の頭上にも地獄のようなユダヤ戦争の死闘と破壊とが襲った。キリスト教徒も崇《あが》める神殿は炎上し、その至聖所も灰となった。にもかかわらず神は依然として黙っている。キリストは姿をみせない。

これこそ原始キリスト教団にとって最も大きな試練だったと私は考える。なぜならこの地獄のような悲惨に耐え、絶望せず、ふかい希望の信仰を持つことはあまりに苦しく困難だからである。その時、道は二つしかない。神の沈黙と姿をみせぬキリストに望みを失い教団から脱落するか、あるいはその沈黙の理由をあらためて問いなおすことでもっと信仰を抱くかのいずれかである。

「神はなぜ沈黙しているのか」。それはたびたび書いたようにイエスが十字架で虐殺された時、生き残った弟子たちが突きつけられた根本的な宿題だった。弟子たちはイエスの復活とその再臨という解答を考えて、エルサレムに結集し、教団をつくった。

この宿題はポーロの殉教、ペトロの殉教、ヤコブの殉教のたびごとにあらためて生き残った信徒につきつけられた。そしてこのユダヤ戦争の破壊のあと、更に原始キリスト教団が解かねばならぬ問題となった。彼等には「神がなぜ沈黙しているのか」と共に「キリストはなぜ再臨しないのか」という新しい謎《なぞ》もこの時、突きつけられたのである。

したがって原始キリスト教団の苦しみは、私の考えでは神の沈黙とキリストの不再臨の謎である。解きがたいこの二つの謎と課題を三度も突きつけられることで、原始キリスト教団の信仰の方向はきまった。これらの謎は彼等を萎縮《いしゅく》させ、彼等を絶望させるどころか、逆に信仰のエネルギイにもなったのである。もちろん、この謎の前にひるみ、疲れ果てて脱落する者も出た。しかし残った者はそこから信仰の意味を摑んだのである。不合理ゆえに我信ずというこの信仰の形式が原始キリスト教団を組織的衰弱から防ぎ、その活力を与えたのだと私は考える。

なぜなら、ひとつの宗教はそれが組織化されるだけでなく、神についての謎をすべて解くような神学が作られた途端、つまり外形にも内面にもこの人生と世界について疑問と謎がなくなった瞬間、衰弱と腐敗の坂道を転がっていくのである。それは中世という時代がキリスト教神学の確立であると同時に衰弱期でもあったことによってわかる。だが原始キリスト教団はこの人生と世界についての疑問と謎とを解くことができなかったゆえに、その信仰は衰えることなく次の世代にバトンを渡せたのである。「神はなぜ沈黙しているのか」、「キリストはなぜ再臨しないのか」。この二つの課題を解くことができなかったからこそ、信徒たちは悩み、もがき、苦しみ、それらの苦しみが信仰のエネルギイともなっていったのである。

第十三章　イエスのふしぎさ、ふしぎなイエス

西暦三〇年の春、エルサレム城外の岩だらけの丘で、一人の男が処刑された。男は十字架に両手、両足を釘《くぎ》づけにされ、三時間の苦しみの後、息たえた。その死を遠くから見守ったのは彼の母親や何人かの女性たちだけで、生前、この男が生活を共にし、おのが信念を吹きこもうとした友や弟子たちはすべて彼を見棄《みす》て、逃亡していた。

男は弟子たちが自分を見棄てただけではなく、裏切ったことも知っていた。弟子たちは彼と共に処刑されることを恐れ、自分たちの釈放を条件に彼を売ったのである。半生の間、愛してきたこの弟子たちの仕打ちは男の胸を引き裂いた。にもかかわらず、彼は十字架の上で、その彼等を恨むかわり、そのために必死で祈ったのである。

この臨終の有様を伝え聞いた弟子たちは、はじめておのれの卑怯《ひきょう》さ、弱さに号泣した。良心の呵責《かしゃく》を嚙《か》みしめながら彼等は故郷のガリラヤに戻ったあと、ふたたび思い出のエルサレムに集まった。それが原始キリスト教団のはじまりとなった。

四十年の歳月が流れた。四十年の歳月のあいだ、原始キリスト教団の上にも内部の相剋《そうこく》があった。ユダヤ教徒による迫害の嵐《あらし》も襲ってきた。そして四十年の歳月の後、彼等の拠《よ》りどころとなったエルサレムはローマ軍団の猛攻に会って炎上し、灰燼《かいじん》に帰した。エルサレムは亡《ほろ》びたが、男を信ずる弟子や信者たちはユダヤ国内だけではなく、西アジアやギリシャ、そしてローマ帝国の各地で、この男にたいする信仰を守りつづけた……。

原始キリスト教団のみじかい歴史をふりかえるたびに、私にはいつも色々な疑問が起きてくる。

疑問の第一は、おのが釈放と引きかえに師イエスを見はなし、その処刑までの二日間、息をひそめ、かくれていた弱い弟子たちがなぜ、それ以後、信仰に生き続けられたかという問題である。もともと彼等は決して最初から強い信念や信仰の人間ではなかった。彼等の大半はガリラヤ湖の漁師や人々に軽蔑《けいべつ》される職業についていた。彼等は私たちと同じように拷問《ごうもん》にたいする恐怖、処刑の恐れのため変節するような弱い人間たちだったのである。

彼等は我々である。我々と同じように弱く、卑怯な人間である。我々と同じだから彼等は生涯のうちで最も大事な人を見棄てたのだ。見棄てただけでなく、裏切りもしたのである。その弱虫たちがなぜ、その後半生では強い信念の人、強い信仰の持主に変ったのか。カヤパの官邸でイエスを知らぬと否認したあのペトロはやがて、師と同じようにローマで十字架刑を受ける。しかしその時、彼は自分の信仰を貫き通す強い人に変っていたのだ。ペトロだけでなく、他の弟子たちも、記録こそないが、語り伝えられた伝承に従うならば、そのほとんどが殉教している。

この弱者から強者への転換、その過程が原始キリスト教団の一つの謎《なぞ》である。なぜ、彼等は強くなれたのか。たとえ彼等の殉教がたんなる伝承にすぎないとしても、彼等がイエスの死後、自分たちが見棄てたこの師を信仰しつづけ、その信仰のために受けるユダヤ教徒の迫害にも耐えたのは事実である。その強さは一体、どこから生れたのか。

普通、我々がおのれの弱さから変節した場合、やむなく選ぶ生き方が二つある。ひとつはおのれの変節を自己弁解し、この自己弁解によって自分を正当化し、正当化することで裏切った対象を否定するか、まったく憎悪《ぞうお》する方法である。これは日本の切支丹《キリシタン》の場合でも、「転び者」――つまり拷問と処刑とに怯《おび》えて信仰を棄てた者が、その後、迫害者側に加わり、かつての仲間、かつての師の逮捕に協力したという例でもはっきりわかるのだ。あるいは共産党を追われた者が党を憎悪することで生き甲斐《がい》にしたという例でもあきらかだ。

もうひとつの道は変節者がもはや、変節の対象とはまったく関係のない別の世界に逃避する方法である。かつて学生時代、一度は党に属しながら、しかし当局の追及でそれを離脱した後、イデオロギーや政治にかかわりのない芸術至上主義に生き場所を見つけた日本文学者たちはこの道を選んだとも言えるだろう。

イエスの弟子たちはどうだったか。彼等もまた、イエスの逮捕から処刑までの二日間、徹底的な裏切者と変節者とになった。だが変節者だった彼等はその後、今のべたような二つの道のいずれをも歩んではいない。彼等は自分の裏切りを自己弁解しなかった。自己を正当化もしなかった。いや、しなかったのではない。できなかったのである。なぜか。

勿論《もちろん》、最初は弟子たちの心にも自分の裏切りに辻褄《つじつま》をあわせようとする心理は働いたにちがいない。「仕方なかったのだ、自分たちにも言い分がある」。我々が変節する時、必ずおのが心に言いきかせるあの弱々しい弁解の言葉を彼等が呟《つぶや》かなかった筈《はず》はない。だが、いかに懸命に論理を働かせても、いかに必死に理窟《りくつ》をつくっても彼等の場合は空《むな》しかった。おのれのやましさ、いやらしさ、卑怯さは明らかだったからである。のみならず自分たちの裏切りを知りながら、すべてを許したイエスの大きな愛情の前には、彼等もただもう、頭《こうべ》をたれるより他はなかったのであろう。

聖書を読むたび、私は裏切りのあと、転び者や脱党者のように自己弁解、自己正当化ができなかった弟子たちのこの心理に思いをめぐらさざるをえない。それはそれだけイエスがどのような人だったかを私にほのかに想像させるからである。生前、現実では誤解されてきたイエスの存在が光芒《こうぼう》を放ち、弟子たちに新しい意味を与えたのはこの時からである。弟子たちは生前のイエスの人格には影響は受けながらも、彼の教えることを本当は理解していなかった。イエスの教えた「愛の神」や愛そのものはユダヤ教の雰囲気のなかで育った弟子たちには実は摑《つか》みにくいものだった。ユダヤ教の神《ヤハウエ》は「愛の神」というよりは排他的な民族神であり、あるいはまた背く者を罰する「怒りの神」「裁きの神」だったからだ。

だがイエスはその愛を言葉だけでなく、その死によって弟子たちに見せた。「愛」を自分の十字架での臨終の祈りで証明した。弟子たちは命をかけたこのすさまじい愛の証明の前にもう他に言うすべがなかった。自己弁解も自己正当化も不可能になったのである。

この日から彼等は自分たちが一度は見棄てたイエスを思念の外に置くことはできな

くなった。忘れることもできなくなった。忘れようとしても考えまいとしても、イエスは彼等の心につきまといはじめる。イエスは彼等を追いかけ、捕えてしまった。その意味で彼等の心にイエスは再現し復活していたのだ。故郷ガリラヤに戻って、むかしの職業に戻った彼等が、いつしか再び、二人、三人と集まり、その家族まで連れてエルサレムに集結したのも、イエスを忘れることができなくなったこの心理のためである。

こうしてエルサレムに集まった彼等は語りあった。何を語りあったか。それは私が繰りかえしてふれた神の沈黙の問題である。「もし神が愛の神ならば、あの方がむごたらしく死んでいった時、その神はなぜ黙っておられたのだろう」。共観福音書をひもとく時、この「神の沈黙」というすさまじい課題が弟子たちにとって最も苦しまねばならぬ謎だったことはあきらかである。イエスはこの謎を弟子たちに突きつけたまま、世を去った。彼は弟子たちにその解答を教えなかった。彼はその謎に解決をつける自由を弟子に与えたまま死んでしまった。いや弟子にだけではなく、今日もすべての人間にイエスはその謎と解答の自由を与えている。ある者が神が沈黙しているのではなく、神など存在しないのだと考えることも自由である。他の者が神はイエスが言うように愛の神ではないのだと主張するのも自由である。にもかかわらず、その自由を人間に与えたまま、イエスは世を去った。

イエスの死によって弟子たちの前に、この、あまりにすさまじく、あまりに深く、あまりに大きな謎にみちた宿題が与えられた時、彼等がいかにもがきながらその問いに答えようとしたかは既に書いた通りである。そして彼等はさしあたり生前のイエスの言葉や教えから、あるいは預言者の預言から、この謎を解く手掛りを発見しようとしたのは当然であろう。


事実、解答を解く手掛りを見つけるため、初期時代の弟子たちはユダヤ教の会堂《シナゴーグ》を使い、イエスの行動や出来事を語ると共に生前のイエスの言葉を復唱したり特に彼等にとって謎であるイエスの受難の場面を詳しく語りあった。それはたんに思い出や事実をのべるのではなく、イエスの悲劇的な死の謎をとくため、預言者たちの言葉をその思い出と重ねあわせたのである。つまり、イエスの受難にはこのような神の与えた深い意味があり、このような神の意志が働いたのだ、と強調し、また自分たちの信仰を納得させるために、預言者の言葉とイエスの受難とを調和させようとしたのである。

今日、我々が読む福音書のイエスの受難物語が実は事実そのままを書いているのではなく、預言者のある部分の言葉に重ねて構成されていることは『イエスの生涯』で指摘した通りだが、その理由は、弟子たちが自分に突きつけられた謎を、それによって必死で解こうとした痕跡《こんせき》が福音書に残っているからである。

一つの例を出そう。たとえばイエスが死を決意しつつ、過越祭のエルサレムに上った時、驢馬《ろば》に乗って群衆の歓呼を受けたと福音書は書いている（マタイ、二十一ノ一—十一。マルコ、十一ノ一—十一。ルカ、十九ノ二十八—四十四）。しかし、これは旧約ゼカリヤ書九章九節の、

シオンの娘よ　大いに悦《よろこ》べ
エルサレムの娘よ　呼ばわれ
見よ　あなたの王はあなたの所にくる
彼は義なる者であって　勝利を得
柔和であって　驢馬に乗る
すなわち　驢馬の子である子驢馬に乗る

という預言と重ねあわせている事は言うまでもない。イエスが最後の日エルサレムに入った時、驢馬に乗っていたかどうかが、事実であったか、否《いな》かは定かではない。

しかし事実でなくても、会堂《シナゴーグ》でイエスの生涯や受難の模様を語る弟子たちはこの旧約ゼカリヤ書九章九節の言葉をどうしても附加せねばならなかったのだ。なぜなら生前のイエスは彼等にとって文字通り、そこに書かれたように「義なる者であり、柔和だった」からである。

それだけではない。そこにはその柔和なイエスに驢馬のイメージが重なっている。主人にいつも従順で重い荷を小さな体に背負わされている驢馬。鞭《むち》うたれ、蹴《け》られても眼から泪《なみだ》をこぼしながら耐えている驢馬。カトリック詩人フランシス・ジャムは好んでそうした驢馬をその詩に歌ったが、同じようにその驢馬のやさしいイメージと受難の時の忍従のイエスの姿が弟子たちの心に重なったからこそ、ゼカリヤ書のこれらの言葉がとり入れられ、後に福音書の記述にも書きつがれたのである。

こうした例は既に『イエスの生涯』に書いたように受難物語から幾つか挙げることができる。「　」は新約聖書の受難物語からの引用であり〈　〉はそれに相応した旧約の言葉である。

「ピラトは……イエスを鞭打ち……兵士たちは葦《あし》の棒でその頭を叩《たた》き、唾《つば》をかけ……」（マルコ、十五ノ十五―十九）

〈わたしを打つ者にわたしの背を委《まか》せ、わたしの髯《ひげ》を抜く者にわたしの頬をまかせ、

恥と唾とを避けるために顔をかくさなかった〉(イザヤ書、五十ノ六)
「兵士たちはイエスを嘲弄《ちょうろう》した後、紫の衣をはぎとり、元の上衣《うわぎ》を着せた」(マルコ、十五ノ二十)
〈彼等はたがいに私の衣服をわけ、それをくじ引きにした〉(詩篇、二十二ノ十八)
こうした重ねあわせを見て、イエスの受難物語が事実を描写しているのではなく、創作だと言うことはやさしい。しかし、それだけでは、まったく意味がない。私はこの重ねあわせを見る時、イエスの受難の謎とイエスの死にたいする「神の沈黙」の問題を必死になって解こうとして、手掛りを預言者の言葉から探し出そうとした弟子たちの涙ぐましい努力を思いうかべざるをえない。
この涙ぐましい努力によって、弟子たちはながい間、預言者たちが語ってきた迫害のユダヤ人と異国に蹂躙《じゅうりん》されているイスラエルをほかならぬイエスその人の象徴として受けとめた。そして、今は迫害されているこのイスラエルとユダヤ人とが神によってふたたび栄光をとり戻すという神の約束をそのまま師イエスにたいする神の約束に移行したのである。
受難のイスラエルがやがて栄光のイスラエルになるように、受難のイエスはやがて栄光のイエスに変る。神《ヤハウエ》はその栄光を与えるため、イエスにわざと十字架の苦しみを与えたと弟子たちは考えるに至った。栄光の光の座についたイエスはメシヤとしてこの地上にいつか姿を見せる。だからイエスと自分たちとはしばし別れているのであって、間もなくあの師を見る日が来る、というのが彼等の信仰となった。

もちろんこの段階でイエスを弟子たちが既に神格化していたか、どうかは正確には知ることはできない。ブッセのような神学者はそれをはっきりと否定し、エルサレムの弟子グループのなかではイエスはまだ「主」とも「キリスト」とも呼ばれなかったとさえ言いきっている。彼等弟子の持った信仰はイエスの再臨だけだったとブッセは考えているのである。

そうすると、エルサレムの弟子たちははじめからイエスを神格化して考えてはいなかったことは明らかである。その段階を強《し》いて整理するならば、はじめ自分たちに突きつけられた「神の沈黙」という謎と格闘するうち、栄光のイエスの再臨を解答として持つようになった。そしてその栄光のイエスを天の雲に乗って地上にあらわれる「人の子」という称号で呼び、次第にそれが救い主《メシヤ》となりユダヤ教のなかの「メシヤはダビデの子孫からあらわれる」という言い伝えに従ってイエスをダビデの子孫と考えるようになっていったのであろう。

つまりイエスは最初は神にえらばれた優れた預言者であり、教師《ラビ》であったが、その生涯の努力、その受難、そのむごたらしい死の酬いとして神から我が子としての資格を与えられた、というのが初期の弟子の気持だった。これを立証する資料は乏しいが、しかし使徒行伝に書かれたペトロの「汝等《なんじ》が十字架に磔《はりつ》けしイエスを、神が主となし、キリストとなし給い」（使徒行伝、二ノ三十六）という言葉がそれを示している。

けれども既にのべたようにこの初期の弟子グループのイエス観は、ポーロによってもっと飛躍させられた。ポーロは生前のイエスを直接には知ってはいない。彼がエルサレムから逃亡する信者たちを追跡するうちに彼等の信仰からキリストの存在を感得した。彼が触れたのはイエスではなくキリストだったのだ。だから彼の心には人間であったイエスはほとんど存在しない。ポーロにあるのはキリストだけである。そしてそのキリストは彼によればこの地上に生れる前から神の創造という秘儀に参加しており、神と人間との断絶を埋めるために天から地上に遣わされた「神の子」である。「御子《みこ》はすなわち、見えたまわざる神の御像《みすがた》にして、一切の被造物に先だちて生れ給《たま》いし者なり」（コロサイ書、一ノ十五）、「（神は）彼を以《もっ》て万物と己とを和睦《わぼく》せしめ、その十字架の血を以て、地に在るものをも天に在るものをも和合せしむ」（コロサイ書、一ノ二十）というその言葉がそれを示している。

ここにはあきらかにエルサレムの弟子グループが考えもつかなかった飛躍的なキリ

スト観とキリストのイメージとがある。ここではイエスは既に人間イエスではなく神的なキリストとなっている。弟子グループのイエス観は大きく止揚され高められている。この贖罪者《しょくざいしゃ》としてのキリスト観をポーロがどこで得たのかは、確実に言うことはできぬ。しかしポーロがこの考えを持つに至る前に、エルサレムから各地に離散した信徒たちの信仰団体が少しずつ弟子グループとはちがったイエス観を持ち、それをポーロにバトン・タッチしたと言えるのだ。バトン・タッチによって受けたものをポーロはおのれの信仰の坩堝《るつぼ》のなかで燃やし、叩き、かため、その神学を創《つく》りだしたのである。

けれども経過がどのような過程を踏んだものであれ、四月の春、ゴルゴタの丘で処刑された男は十年後には既に神格化されはじめていた。しかも驚くべきことには彼はこれらの弟子、これらの信徒たちから理想の人間（たとえば釈迦《しやか》のように）、理想の信仰者（たとえば他の宗教の教祖のように）ではなく、信仰の対象そのものとなってしまったのだ。これは世界の宗教のなかで他に例を見ないことである。

キリスト教の問題の核心はここにある。キリスト教の問題の一つは、イエスが信徒たちに神格化されたからキリストになったのか、それともポーロの考えるように、人間が彼を神格化したのではなく、彼自身がこの地上にイエスという仮の名で生れる前から、より高い存在だったのか、のいずれかを問うことである。

だが、その核心に触れる前に我々が認識しておかねばならぬ事がある。イエスはたしかにローマ占領下のユダヤの一預言者、一教師《ラビ》にすぎなかった。しかし、この時代、いや、それに先だつ長い時代、このような教師はユダヤのなかであまた存在していたのである。たとえば洗者ヨハネがそうであり、クムラン教団の義の教師もそうである。だが彼等は決してその死後、イエスのような形で神格化されはしなかった。これらの自称メシヤが一時は人々の熱狂的な歓迎を受けてあらわれ、たちまち水泡のようにはかなく消えさっていったことがユダヤ史には書かれている。そしてまたさまざまの預言者が出現し、その言葉はたしかに神の言葉として人々に記憶され、語り伝えられたが、しかしその預言者たちも決してイエスのように神格化もされず、信仰の対象にもならなかった。この事実を知れば、日本人の我々でも、なぜイエスだけがそこまで高められたのか、という疑問を当然抱くにちがいない。

なぜか。もちろん誰にもそれに答える力などない。だが、確かなのはイエスはその生涯の間、彼が人生を横切った者に決定的な痕跡《こんせき》を残していったということである。でなければ飽きやすい民衆は他の自称メシヤにもそうしたように、イエスのこともやがては忘れ去り、忘れ去らなくても、かすかな思い出として記憶に留めるにすぎなかったろう。

けれどもイエスの場合は違っている。彼はたんなる思い出や追憶ではない、もっと決定的な何かを弟子や彼に接したガリラヤの民衆の心に残している。その決定的なXは不幸にして文字で書いた福音書からは我々は知ることはできぬ。それはひとつの強烈な人格が他人に与える衝撃であって、言葉ではとても表現できぬものであろう。でなければ彼は一人の預言者、一人の教師《ラビ》としてしか、生き残った者の記憶に残らなかった筈《はず》である。すぐれた預言者、すぐれた教師《ラビ》とはちがった別のXがこのイエスにあり、そのXが彼の死後、弟子や民衆の心に彼を人間を超えた存在として考えさせる何かであったのでなければ、イエスは彼等によってその死後、神格化されなかっただろう。

同時にまた我々は次のことも認識しておかねばならぬ。イエスに関するさまざまの伝説や神話——その多くを我々は福音書のなかに読むことができるが——は彼の死後、わずか十年たらずのうちに既に出来たものである。いかなる無神論者、反キリスト教者もイエスの復活物語、イエスの奇蹟《きせき》物語が長い歳月を経て作られたのではなく、彼の死後、ほとんどただちに人々の間に語られたという事実を否定することはできない。

それは使徒行伝やポーロの書簡の年代を調べれば明らかである。つまりイエスを現実に見知っていた者たちがまだ多く生き残っていた時、既にイエスを信仰の対象とするこれらの神話が信じられていたのだ。

神話の成立過程を考える時、我々はこの事実をまことにふしぎなものと思わざるをえない。なぜなら神話とは普通、このように短時間の上にできはしないからだ。それは年月をかけて発酵する酒のように長い長い歳月を経て出来あがるからだ。

なぜ、イエスの場合だけ、こうなったのか。なぜイエスの場合だけ、その神話は他の教祖にまつわる神話伝説とちがい、その死後、ただちに流布《るふ》されたのか。私にはもちろん、それに答える力などない。しかし生前のイエスに、もし、そのような神話を生みださせるXがなければ、この出来事はありえなかったであろう。そしてそのXはやはり福音書だけでは我々はすべてを知ることはできぬだろう。なぜなら言語は聖なるものを完全に表現できぬからである。

それだけではない。我々は当時のユダヤという風土ではある人間を神格化することがいかに困難だったかという状況も第三に認識しておかねばならない。私が幾度もふれたようにユダヤ人はそのほとんどがユダヤ教の信徒であり、その唯一神《ゆいいっしん》ヤハウェを信仰した。砂漠的宗教であるこのユダヤ教は汎神《はんしん》的なギリシャや日本とちがい、多くの神々を礼拝することを絶対に許さなかった。神《ヤハウェ》はモーゼを通して、自分以外のいかなるものも信仰することをきびしく禁じたからである。

　ただ一つの神《ヤハウェ》以外のいかなるものをも信仰することをきびしく禁じたこのユダヤで、一人の男が神格化されることはほとんど不可能に近い。その上、イエスの弟子たちもまた、私がくりかえしたようにユダヤ教の枠内でイエスを考え、ユダヤ教の思考のなかで自分たちの謎《なぞ》を解こうとしている。彼等もまた唯一神ヤハウェの信仰の持主だったのである。こうした弟子たちにたとえイエスにたいする思慕がどのように深いものであれ、イエスを信仰の対象とまで高めるのはユダヤ教徒として大きな心理的抵抗があったにちがいないのだ。

　にもかかわらず、その心理的な抵抗は突破された。イエスは「人の子」「神の子」となり尊敬だけではなく信仰の対象として高められるに至った。それは唯一神を信仰してきたユダヤ人のなかでははじめての出来事である。あのモーゼもエリアもダビデも決してこのように神格化されなかった。なぜか。私にはわからない。わからないが、しかしもしイエスにそれだけのXがなかったならば、いかに弟子たちといえども、このような瀆聖《とくせい》行為にひとしい冒険に踏み切れなかったであろう。

　イエスの死後、彼がキリストに高められるまでの短い歴史を調べたあと、私たちがぶつかるのは結局、この「なぜか」であり、そしてイエスの持つXである。この「なぜか」を素直に、謙虚に、考える時、私たちは次のような結論に達せざるをえない。たしかにイエスをキリストまで高めたのは弟子たちと原始キリスト教団との信仰である。彼等の意志によってイエスは人間を超えた存在に神格化されていった。イエスは「人の子」と言われ「神の子」となり、救い主《メシヤ》と呼ばれ、そしてキリストになった。

だがイエスを神の子にしたのは弟子たちだけではなかった。イエスにも、それに相応《ふさわ》しいXがあったからこそ、彼は他の預言者たちと違った次元におかれたのである。人間が彼を聖なるものとしただけでなく、彼にも聖なるものとされるに価《あたい》した何かがあったのだ。

けれども原始キリスト教団史のもうひとつの問題はこうして弟子や信徒たちの信仰の対象になったキリストが必ずしも彼等の願い、要望に応《こた》えなかった点にある。弟子たちは突きつけられた「神の沈黙」という謎を解くためイエスの再臨を考えるに至った。彼等は十字架でみじめに死んだイエスがやがて栄光のキリストとしてふたたびこの地上にあらわれるのだ、と思うようになった。その希望はやがて彼等の信仰となり、彼等の結束の理由ともなった。

だがそのキリストはあらわれなかった。弟子グループがユダヤ教徒に迫害され、ステファノが殺され、多くの信徒がエルサレムを捨てて各地に逃亡した時もあらわれなかった。ヤコブが神殿の城壁から突き落された時もあらわれなかった。ローマの大軍団がふたたびパレスチナを蹂躙し、エルサレムが恐怖と飢えとのなかで包囲された時もあらわれなかった。率直に言えば弟子たちの願いはすべて裏切られたのである。

脱落者が出た。既にのべたようにキリストの再臨をむなしく待つことに疲れた信徒たちはユダヤ教徒に戻り、残った者はエルサレムを出てペラに逃亡した。逃亡したものが、裏切られた自分たちの信仰を恢復《かいふく》させるため、何を心の拠《よ》りどころにしたか、それを書いた当時の資料はない。

こうして「キリストの不再臨」と共に、「神の沈黙」という宿題も未解決のまま原始キリスト教団に残された。神は沈黙していたのではなく、おのが子としてこの地上に戻すために、あの十字架の苦しみをイエスに与えたのだという弟子たちの答えは、「キリストの不再臨」によって今や覆《くつがえ》されたからである。しかもユダヤ教徒たちからの迫害によってステファノが殺され、指導者ヤコブも殺害された。ローマではペトロも処刑され、ポーロもまた獄中で呻吟《しんぎん》した後、みじめな死を遂げた。そして神はゴルゴタの丘でそうだったように、これらの時も救いの手をのべられなかった。神は沈黙していた……。

解かねばならなかった宿題に答えとみえたものは答えではなかった。弟子たちはふたたび考えなおさねばならない。神はなぜ沈黙していたのか、と。イエスのむごたらしい死、ヤコブやペトロやポーロのみじめな死には、どんな深い意味があるのかを。

これほど大きな試練は原始キリスト教団にとってなかった。この矛盾とこの不合理とこの謎を前にして彼等がなお絶望しなかったとすれば、それは驚くべき信仰である。この矛盾とこの不合理を前にして、なお彼等がイエスを信じつづけようとしたならば、そのイエスは一体、どのような人物、どのような存在だったのだろう。原始キリスト教団のみじかい歴史を考えるたび、私がいつも溜息《ためいき》をつくのはその点である。

試練のなかでも彼等はイエスを忘れることができなかった。キリストが彼等の要望に応えなかったのに、彼等はキリストをなお信じつづけている。イエスのことを考えずに彼等は生きていけなくなっている。イエスは彼等を捕えて放そうとはしない。その意味でもイエスは既に復活し、再臨していた。一人、一人の人生の底に、一人、一人の心の核《しん》にイエスは再臨していた。それを原始キリスト教団は気づかなかったにすぎぬ。やがて彼等はその事実を知るようになるが、それは長い歳月がたってからであろう。

ガリラヤで育ち、エルサレム城外で殺された、痩《や》せた、手脚のほそい男。犬のように無力で、犬のように殺されながら、息を引きとるまでただ愛だけに生きた男。彼は生前、現実のなかで無力であり、ただ愛だけを話し、愛だけに生き、愛の神の存在を証明しようとしただけである。そして春の陽ざし強いゴルゴタの丘で死んだ。それなのに彼は弱虫たちを信念の使徒に変え、人々からキリストと呼ばれるようになった。キリストと呼ばれるようになっただけでなく、人間の永遠の同伴者と変っていったのである。「世の果てまで私はお前たちと苦しむだろう」(パスカル『イエスの秘儀』)。それは人間がいかなる思想を持とうと、実はその魂の奥では変らざる同伴者をひそかに求めているからである。「我なくんば……」とパスカルはある夜、祈りつつそのイエスの声を聞いた。「我を求めることなし」

人間がもし現代人のように、孤独を弄《もてあそ》ばず、孤独を楽しむ演技をしなければ、正直、率直におのれの内面と向きあうならば、その心は必ず、ある存在を求めているのだ。愛に絶望した人間は愛を裏切らぬ存在を求め、自分の悲しみを理解してくれることに望みを失った者は、真の理解者を心の何処《どこ》かで探しているのだ。それは感傷でも甘えでもなく、他者にたいする人間の条件なのである。

だから人間が続くかぎり、永遠の同伴者が求められる。人間の歴史が続くかぎり、人間は必ず、そのような存在を探し続ける。その切ない願いにイエスは生前もその死後も応えてきたのだ。キリスト教者はその歴史のなかで多くの罪を犯したし、キリスト教会も時には過《あやま》ちに陥ったが、イエスがそれらキリスト教者、キリスト教会を超えて人間に求められ続けたのはそのためなのだ。

原始キリスト教団のみじかい歴史を調べる時、私がぶつかるのは、いかにそれを否定しようと試みても否定できぬイエスのふしぎさと、ふしぎなイエスの存在である。なぜこんな無力だった男が皆から忘れ去られなかったのか。なぜこんな犬のように殺された男が人々の信仰の対象となり、人々の生き方を変えることができたのか。このイエスのふしぎさは、どれほど我々が合理的に解釈しようとしても解決できぬ神秘を持っている。その神秘こそ今度も私の書きえなかった「彼とその弟子の物語」のXなのである。

あとがき

『キリストの誕生』は雑誌「新潮」に連載した「イエスがキリストになるまで」を加筆訂正したものである。五年前『イエスの生涯』を上梓《じょうし》した時、イエスを見捨てて逃亡した弟子たちが、そのイエスを忘れるどころか、彼を神の子キリストとして信仰するに至った過程を書かなければ、この『イエスの生涯』も完結しないと考えるようになった。現実においては無力で、無惨《むざん》な死にかたをしたイエスが死後、根本的な価値転換によって、弟子たちや彼を信ずる者たちに強い信仰を吹き込んだ過程を考えたかったからである。

だが書きながら私はこれらの弟子たちの人間臭さを愛した。ペトロの優柔不断、その強さゆえに倨傲《きょごう》になり知らずして他者を傷つけているポーロ。使徒たちはこうした人間的弱点を持ち、時にはたがいに反発しあい、そしてそれらの弱点がまた彼等の信仰にもつながったのである。

『イエスの生涯』と『キリストの誕生』を書き終えて、私は正直、肩の荷をおろしたような気がするが、同時にこれを書くことによって、ますますこの最後の章でふれた

「イエスの生涯」の謎《なぞ》を考えざるをえない心境である。
おそらく文学雑誌にはむかないこの連載をあえて掲載してくれた「新潮」編集部と、出版部とに厚く礼を申しあげる。

（昭和五十三年七月）

解説

高橋たか子

『キリストの誕生』は『イエスの生涯』の続篇であり、十字架上で死んだイエスがそのあと復活して人々のなかに永遠に生きていく経過が、キリストの誕生という言葉で遠藤周作氏の表現していられるものである。

『イエスの生涯』もそうであったが『キリストの誕生』がきわめてユニークなのは、幾世紀にもわたっていろんな人々によって扱われてきたこの問題が、聖職者とか学者によってでなく、小説家によってまさに小説家ならではの視点から扱われた点にある。

小説家というのは、一般的に言って、自分が何かの現場にいたならばどう考えるかどう行動するかということを、想像してしまう人種である。だから遠藤氏は、この著作において、自分が紀元〇〇年に立ってみ、自分の目の前に起こったであろうすべてを叙述するという見方をとっていられる。そのために、残されている資料としての新約聖書はいうまでもないが、その時代の直後に書かれた歴史書とか、その時代について後世に書かれた書物とか、手にはいるあらゆる資料を集められたのだろう。そうして、おびただしい事実の堆積《たいせき》の只中《ただなか》に立ち、小説家的に再構成を試みられたのが、この著作なのである。

小説家的にというのは、そこに登場するあらゆる人物の心のなかに分け入るということである。人間に飽くことのない情熱的凝視をむけているのが小説家であり、人間内部の具体性を想像力によって把《とら》える熟練をつんでいるのが小説家である。だから、ここに登場するパウロやペテロが何といきいきしていることだろう。遠藤氏自身がパウロやペテロとなってその時代を生きていられるのだから。

こういう小説家的想像力は、さらに、次の面においても存分に発揮されている。小説家とは、その他の文筆業者とはすこし違っていて、物事をストレートに語る人ではない。実際に起ったことを全然別な話に置きかえることを手品のようになりわいとしている人であり、しかも或《あ》ることを言うのに象徴を使ったり暗示の手法をとったりする。であるから、逆に、残されている誰かの文章に接した場合、自分のしている操作を逆に使って、直接には表現されていない裏の意味をさぐることに敏感なのである。

というわけで、『キリストの誕生』において私の感嘆するのは、遠藤氏が、誰もが字句どおりに読んですませている新約聖書のいろんな箇所に、小説家的想像力によって全然違った照明をあて、裏側を照らしだすことをじつに見事にやってのけていられる点なのだ。

このことは私が一つ一つ例をあげるまでもなく、読者にとっても明らかなことだろう。

もう一つ、想像力に関聯《かんれん》して言えることは、遠藤氏が新約聖書を、イエスの弟子たちという精神共同体を作者とした作品と見ていられること。つまり、イエスという人が実際にいた、そして十字架上で死んだ、ということがあった、それを素材として創作された話が新約聖書なのだという見方。小説家が、想像力によって自分の意識と無意識のなかへ降りていくと、そういう自分のはたらきを超えたはたらきが彼方《かなた》から訪れてくるのと、同じように、イエスの弟子たちがイエスの死後その生と死の意味をさぐりながら降りていったのが信仰の内部なのだというのも、小説家ならではの発想である。

そして、このことは存在論的にもっともなことである。なぜなら小説と宗教とは同じ方向に成立するものであり、人間存在のなかに下降すると両者の領域があるからである。

右に私が指摘してみた遠藤氏の方法によって、イエスの死後の時代と使徒たちとがありありと目に見えるように描きだされていて、この歴史的局面については私が解説する必要はない。

さて、ここで解説者としての私の役割は、読者の多くである非キリスト教徒たちのために、超自然的局面について触れておくことであろう。つまり、遠藤氏が「宗教体験」という言葉で暗示するだけにとどめておかれたもののことである。

遠藤氏が暗示以上のことをなさらなかったのが、次の理由によることはいうまでもない。

「そして弟子たちは遂《つい》に甦《よみがえ》ったイエスを見た。（中略）このイエス顕現は長い苦しい夜を送った弟子たちの宗教体験である。この深い宗教体験がどのようなものだったかは、我々には誰もわからない。なぜならこのような体験は言葉では決して言いあらわせぬことぐらいは我々も知っているからである。神秘《ミステール》なるものを人間の言語で表現できぬ」。

この言語を絶することを、かりに言語で現わしてみようと私は思う。

それは弟子たちが或る日、いっしょに、または一人一人別々に、突然、復活したイエスに出会ったということである。遠藤氏が言っておられるように、新約聖書に記述されている逸話的場面においてではなかったかもしれない。(或《ある》いはそのとおりだったかもしれない)。すくなくとも私にわかることは、復活したイエスが強い命の充満として弟子たちの内部に感じられたのだ、ということである。生前のイエスの姿をとってということではないだろう。(或いはそうだったのかもしれない)。ただ、それの証《あか》しとなるのは、弟子たちの感じたにちがいない強い霊的幸福である。自分の内部に、死によって死というものを破棄したイエスがいられる、みんなの内部にいられる。自分の命を、みんなの命を、イエスの命そのものが充《み》たしている。自分の呼吸が、みんなの呼吸が、イエスその人の呼吸なのだ。――そういう、間違いようのない感覚。宗教体験とはたとえばそういうことである。

弟子たちも、そしてパウロも、それを持ったればこそ、あれほどの苦難にもかかわらず生きられた。

同時に、聖霊が、イエスによって与えられ人間の奥からたえまなく吹きおこるその力が、彼らを前へ前へと押しすすめて、イエスの死後たった数年のうちに「キリスト」を遠く異国まで彼らに運ばせしめた。

紀元〇〇年にあくまで一人の人間として立ってみて遠藤氏の試みていられるきわめて人間的な叙述に、私はそれ以後の何世紀もの間につくられた神学的視野の末端に立って、あえて、非キリスト教徒の読者のためにこのように言い足しておこう。遠藤氏の言葉を使えば、弟子たちは弱者から強者となった。それは、こうした超自然的めぐみによる。

遠藤氏がこの著作の最後の数ページで、繰り返し言っていられる「X」というのは、じつはこういった種類のことなのだ。つまり、イエスという人にはXがあった、と。弟子たちがイエスの生前にそうとは知らず接していたのは、このXであり、死後イエスを信じるようになったのも、このXのせいである。Xとは、あえて言えば、イエスの人性に入りこんでいた神性である。(人性を媒介としてわれわれ人間は神性に接することができるのであり、イエスの人性とは、だから人間と神とをつなぐパイプである)。

けれども、遠藤氏が繰り返し「X」と言わねばならなかったほど、それほどまでに、これは考えても考えても頭脳でとらえることのできぬ神秘であり、こういう神秘の上に成立しているのがキリスト教である。神秘があればこそ、神秘のなかに入る人にこそ、無尽蔵なのである。

(一九八二年十月 パリにて、作家)

この作品は昭和五十三年九月新潮社より刊行された。

遠藤周作著

白い人・黄色い人

芥川賞受賞

ナチ拷問に焦点をあて、存在の根源に神を求める意志の必然性を探る「白い人」、神をもたない日本人の精神的悲惨を追う「黄色い人」。

遠藤周作著

海と毒薬

毎日出版文化賞・新潮社文学賞受賞

何が彼らをこのような残虐行為に駆りたてたのか？　終戦時の大学病院の生体解剖事件を小説化し、日本人の罪悪感を追求した問題作。

遠藤周作著

留学

時代を異にして留学した三人の学生が、ヨーロッパ文明の壁に挑みながらも精神的風土の絶対的相違によって挫折してゆく姿を描く。

遠藤周作著

母なるもの

やさしく許す〝母なるもの〟を宗教の中に求める日本人の精神の志向と、作者自身の母性への憧憬とを重ねあわせてつづった作品集。

遠藤周作著

彼の生きかた

吃るため人とうまく接することが出来ず、人間よりも動物を愛し、日本猿の餌づけに一身を捧げる男の純朴でひたむきな生き方を描く。

遠藤周作著

砂の城

過激派集団に入った西も、詐欺漢に身を捧げたトシも真実を求めて生きようとしたのだ。ひたむきに生きた若者たちの青春群像を描く。

遠藤周作著
悲しみの歌
戦犯の過去を持つ開業医、無類のお人好しの外人……大都会新宿で輪舞のようにからみ合う人々を通し人間の弱さと悲しみを見つめる。

遠藤周作著
沈黙
谷崎潤一郎賞受賞
殉教を遂げるキリシタン信徒と棄教を迫られるポルトガル司祭。神の存在、背教の心理、東洋と西洋の思想的断絶等を追求した問題作。

遠藤周作著
イエスの生涯
国際ダグ・ハマーショルド賞受賞
青年大工イエスはなぜ十字架上で殺されなければならなかったのか――。あらゆる「イエス伝」をふまえて、その〈生〉の真実を刻む。

遠藤周作著
死海のほとり
信仰につまずき、キリストを棄てようとした男――彼は真実のイエスを求め、死海のほとりにその足跡を追う。愛と信仰の原点を探る。

遠藤周作著
王国への道
―山田長政―
シャム(タイ)の古都で暗躍した山田長政と、切支丹の冒険家・ペドロ岐部――二人の生き方を通して、日本人とは何かを探る長編。

遠藤周作著
王妃 マリー・アントワネット
(上・下)
苛酷な運命の中で、愛と優雅さを失うまいとする悲劇の王妃。激動のフランス革命を背景に、多彩な人物が織りなす華麗な歴史ロマン。

新潮文庫最新刊

谷川俊太郎著
さよならは仮のことば
―谷川俊太郎詩集―
代表作「生きる」から隠れた名篇まで。70年にわたって最前線を走り続ける国民的詩人の、珠玉を味わう決定版。新潮文庫オリジナル！

早坂 吝著
四元館の殺人
―探偵AIのリアル・ディープラーニング―
人工知能科学×館ミステリ!! 雪山の奇怪な館、犯罪オークション、連鎖する変死体、AI探偵の推理が導く驚天動地の犯人は――!?

椎名寅生著
ニューノーマル・サマー
2020年、忘れられない夏。それでも僕らは芝居がしたかった。笑って泣いて、元気が出る。大学生劇団員のwithコロナ青春小説。

村上春樹
柴田元幸著
本当の翻訳の話をしよう 増補版
翻訳は「塩せんべい」で小説は「チョコレート」!? 海外文学と翻訳とともに生きてきた二人が交わした、7年越し14本の対話集。

萩尾望都著
聞き手・構成 矢内裕子
私の少女マンガ講義
『ポーの一族』を紡ぎ続ける萩尾望都が「日本の少女マンガ」という文化を語る。世界に誇るその豊かさが誕生した歴史と未来――。

椎名 誠著
「十五少年漂流記」への旅
―幻の島を探して―
あの作品のモデルとなった島へ行かないか。胸躍る誘いを受けて、冒険作家は南太平洋へ。少年の夢が壮大に羽ばたく紀行エッセイ！

キリストの誕生《たんじょう》

新潮文庫　え－1－17

昭和五十七年十二月二十五日　発行
平成二十三年二月二十五日　三十七刷改版
令和三年七月五日　四十三刷

著者　遠《えん》藤《どう》周《しゅう》作《さく》

発行者　佐藤隆信

発行所　株式会社新潮社

郵便番号　一六二―八七一一
東京都新宿区矢来町七一
電話　編集部(〇三)三二六六―五四四〇
読者係(〇三)三二六六―五一一一
http://www.shinchosha.co.jp

価格はカバーに表示してあります。

印刷・大日本印刷株式会社　製本・加藤製本株式会社

ISBN978-4-10-112317-2 C0193